提升学生小组合作学习的 56个策略

【英】罗博·普莱文 Rob Plevin 著

让学生变得
专注
自信
会学习

The Active Learning ToolKit
Outrageously Engaging Activities to Increase Student Participation,
Raise Achievement & Have Your Toughest Students Asking for More

图书在版编目(CIP)数据

提升学生小组合作学习的56个策略：让学生变得专注、自信、会学习 / (英)罗博·普莱文著；肖芬译.
—北京：中国青年出版社，2018.9
书名原文：The Active Learning ToolKit
ISBN 978-7-5153-5295-4

Ⅰ.①提… Ⅱ.①罗… ②肖… Ⅲ.①课堂教学—教学法—中小学 Ⅳ.①G632.421

中国版本图书馆CIP数据核字（2018）第206077号

The Active Learning ToolKit : Outrageously Engaging Activities to Increase Student Participation, Raise Achievement & Have Your Toughest Students Asking for More By Rob Plevin.
Copyright © 2017 Rob Plevin Needs Focused Teaching.
Simplified Chinese translation copyright © 2018 by China Youth Press
All rights reserved.

提升学生小组合作学习的56个策略： 让学生变得专注、自信、会学习

作　　者：	［英］罗博·普莱文
译　　者：	肖　芬
责任编辑：	周　红
美术编辑：	靳　然
出　　版：	中国青年出版社
发　　行：	北京中青文文化传媒有限公司
电　　话：	010-65511272/65516873
公司网址：	www.cyb.com.cn
购书网址：	zqwts.tmall.com
印　　刷：	大厂回族自治县益利印刷有限公司
版　　次：	2018年9月第1版
印　　次：	2025年3月第10次印刷
开　　本：	787×1092　1/16
字　　数：	68千字
印　　张：	10.5
京权图字：	01-2018-1862
书　　号：	ISBN 978-7-5153-5295-4
定　　价：	29.90元

版权声明

未经出版人事先书面许可，对本出版物的任何部分不得以任何方式或途径复制或传播，包括但不限于复印、录制、录音，或通过任何数据库、在线信息、数字化产品或可检索的系统。

中青版图书，版权所有，盗版必究

赞誉之词

THE ACTIVE LEARNING
TOOLKIT

我们很高兴能够让罗博与我们合作，从一开始他的方法就吸引了整个团队，并且让团队成员始终沉迷其中，我们将邀请罗博回到每一个可能的场合给老师进行培训。

罗博·普莱文先生，在整个活动期间彻底探讨并解决了课堂行为管理方面的问题。此外，在某些学校教学工作的展开遇到了极大的挑战，罗博·普莱文先生也出神入化地解决了他们的担忧。我们将会抓住任何机会，在任何场合下，力邀罗博·普莱文老师与我们的参会者和学员共同工作。

——谢菲尔德哈勒姆大学"教育优先"区域总监
特里·哈德森

罗博已经在赫尔大学的中学PGCE开展他的以需求为中心的

● THE ACTIVE LEARNING TOOLKIT ●

教学管理课程三年了,每年我的学员不仅能从他的课程里得到灵感,还学会了如何更有效地管理学习环境。罗博的课程是建立在良好关系的基础上的,受训者可以效仿罗博。课程非常有趣,结构良好。罗博经验丰富,优秀的老师都认可他的方法。

——赫尔大学中学ITE项目主任　安妮·博尔博士

今年是我教学的第30个年头!您可能会说,经过了30年的教学,我不必再看您那些很棒的视频资料、不必阅读您的博客,也不必再浏览您的网站了,但是,我很庆幸我没那么做,我整整一个下午都沉浸在您的书本之中,愉悦地听完了、看完了,也读完了您书中所有的宝贵信息,真是获益匪浅!从现在起,罗博先生,我将会成为您最忠实的粉丝之一!

——美国教师　凯丽·特克

非常感谢您精彩绝伦的视频,我从您的创造性像秘密特工一样的方法中获益良多!它让我调皮淘气的学生乖得像老鼠一样安静!谢谢您!

——参加教师培训后的受益教师　亚萨娜·萨菲

● 赞誉之词 ●

幸亏我及时参加了罗博·普莱文的讲习研讨班,才没有放弃我的教学生涯。这种讲习研讨班是强制性的——每个人在教学生涯中都应该参加一个"以需求为中心"的讲习研讨班,并能有幸遇到一位心地善良的人,帮助你看到你在学生当中的价值,特别是面对最难搞的学生时,你能发挥更大的作用。

——**美国教师　希瑟·比姆斯**

不得不感叹,有那么多人从你的视频中获益甚多!教师的时间是有限的,我们都需要的是一个快速且有效的教学策略。但老实讲,以往的教师专业发展训练课程都是白白地浪费时间而已;你可能花了整整一天,才能得到一点点启示。但是在罗博先生的书里面,你只需5分钟,就能得到数不尽的教学策略。

——**教师　玛丽安**

今天对我来说真是美妙的一天,我接触到了很多极富见识、平易近人且非常有趣的知识。我经历的任何一门课都比不上罗博先生的课,他的课是那样令人赏心悦目,收获满满。我印象太深刻了,所以我极力推荐学校邀请罗博先生,希望他能来校,给我

● THE ACTIVE LEARNING TOOLKIT ●

们所有人举办一场研讨会。这样，我们便都能从他渊博的知识、丰富的经验和不时的幽默中获益良多。

——讲习研讨会参与者　理查德·劳森埃利斯

书中以非常清晰的简洁方式，给我们介绍了教学技巧和提示。作为学校实习老师的协调员，我将推荐正在我这里参加培训的老师，都去看看这些视频。

——教师　德布

非常感谢罗博先生，您提供的真是极妙的方法，能为所有学生创造一个平静、安稳的学习环境。您在书中说道：师生间的互动模式应该是各有主张且相互尊重的，我认为您说的对极了。

——教师　马里恩

罗博先生，我在课堂上使用了大量您提到的教学技巧，被学生们评价为最好的代课示范教师。多亏了您，多亏了您的建议，我才能让来自30多所学校的学生真正融入课堂，而不是在课堂上互相扔铅笔玩儿。

——美国教师　莱斯利·缪勒

赞誉之词

自从我开始遵循您提到的教学原则,我便开启了巨大的进步历程。昨天,我讲了一个小时的面试课,课后他们告诉我,我的课程很棒,他们很喜欢我在教学中的热情,于是我便得到了那份工作!

——教师 黛安·格林

终于在现实生活中找到具体可行的方法了,我已经受够了那些从来没有真正踏进课堂而只知道空谈理论的人了。万分感谢,作为一名新老师,我觉得这是无价之宝!

——一名年轻新教师 亚斯娜

非常感谢您!我在教学中采用了您书中的教学方法,这让我和学生们度过了美好的课堂时光。作为一位新晋教师,这本书让我变得更优秀更自信,简直是无价之宝。

——美国教师 杰斯

我已经见证了奇迹的发生,除了奇迹我找不到其他合适的词汇来形容了;我的学生在态度和行为方面都有了极大的改善,他

THE ACTIVE LEARNING TOOLKIT

们对自己的教育经历变得非常感兴趣；我还能奢求什么呢？这个在线网站成了我的教学圣经！我是其虔诚的信徒！爱你们。

——英国教师　道恩

罗博先生，非常感谢您分享的教学经验，也很感谢您提供的这些简单却有效的方法。我所在的班级，学生经常做出让我很沮丧和难过的行为（或者实际上是我自己没能好好控制班级）。在那段日子里，我不知如何是好，感觉任何做法都于事无补。但是多亏了您的帮助，让我学会了如何更好地控制课堂。

——教师　娜塔莎·格瑞德索娃

非常感谢罗博为这个职业所做的一切，您的教学策略真的创造了一个又一个的奇迹，我从来没有试过您提到的"铅笔"游戏，但是我保证下次会认真试试。老实讲，我把您的作品推荐给了很多我熟知的年轻老师，因为他们在教学活动中有时会遭到挫败而闷闷不乐，所以他们很需要您的帮助！再次真诚地感谢您，期待您再创佳作！

——英国教师　玛丽

赞誉之词

真是收获满满的一天啊！特别是您有关"积极强化"和"关系重要性"的讲授，真是让我难以忘怀。我想让您知道，您改变了我40个学生的人生轨迹。真诚地感谢您！

——新加坡教师　乔安妮

作为一名PGCE的学生，很荣幸能够有此机会，获得这么多投我所好、易知易行的信息资源。罗博·普莱文老师提供了一系列非常实用的、发人深思的宝贵资源材料，这些资源在课堂行为管理方面可以发挥巨大作用。书中所提到的所有策略，都能很容易地在课堂上展开。即使你从未经历过"地狱"般的课堂，熟读本书，你也会开卷有益。

——美国教师　史蒂夫·爱德华

本书简明易懂的视频教学，对于那些对教学感到失望的老师来说，真是雪中送炭。看完视频后，我立即将该视频内容发送给了我的校长！

——教师读者　萨姆纳·普锐斯

● THE ACTIVE LEARNING TOOLKIT ●

真的不胜感激。回想自己以往的教学经历，感觉老是自寻烦恼。在我的课堂上，孩子们总是不安分，往往会白白浪费一堂课，然后我自己又忧心忡忡。您的建议真是我的及时雨。采用了您的策略，我以一种积极的、非对抗性的方式让孩子们安静了下来，并且与他们建立起了融洽的关系。此书真是我的"救命"良药！

——教师　菲利普·罗萨里奥

目睹教师运用罗博的教学策略不失为一件有益之事，见到其神奇的教学效果则使人愈发受到启发。感谢您让我工作更加容易，同时也使过去的教学经历得到验证。

——美国教师培训项目负责人　谢丽尔·E.乐丰

为了支持北爱尔兰的教师培训，我们特意开展了"以需求为中心"的行为管理研讨会。研讨会进展顺利，并且被广泛接受，教师之间也相互分享了会中提到的教学思想、策略以及日常教学活动，着实大大改善了课堂表现。从对学校的理性考察到老师给出的反馈，都证明该会议提供的方法行之有效。

——阿尔斯特大学教育学院PGCE课程领导
西莉亚·欧哈根

目录

THE ACTIVE LEARNING
TOOLKIT

目　　录

前言　"以学生需求为中心"的教学法 ••• 017

关于本书 / 021

小组合作学习的好处 / 022

第一章　引导学生自主学习 ••• 025

微复习 / 027

策略 1　积极主动地复习 / 028

策略 2　反思性复习 / 030

策略 3　两人一组复习 / 031

THE ACTIVE LEARNING TOOLKIT

策略 4　画图复习法 / 032

反过来教学 / 033

策略 5　让学生当老师 / 034

策略 6　小组教学 / 036

策略 7　案例研究 / 036

策略 8　海报 / 038

策略 9　随机的反过来教 / 039

学生参与教学过程 / 042

策略 10　焦点卡片 / 043

策略 11　唱诵　/ 045

策略 12　有趣的日常惯例 / 047

有趣的日常惯例 / 049

策略 13　好的！/ 049

策略 14　好的，老师！/ 050

策略 15　像看高尔夫球赛一样鼓掌 / 051

策略 16　你们在听吗 / 052

目 录

策略 17　雅虎/雅布 / 053

两人一组活动任务 / 055

策略 18　同伴教学 / 055

策略 19　任务网球 / 057

策略 20　相互测试 / 057

策略 21　开发问题 / 058

策略 22　扼要重述 / 058

策略 23　互相给对方读书 / 058

两人一组学习的配对方法 / 059

策略 24　找一个学习搭档 / 059

策略 25　举手（适合年龄稍大点的学生）/ 060

策略 26　配对卡片 / 060

小组合作学习 / 063

策略 27　谁知道 / 070

策略 28　小组学习与教学 / 074

策略 29　选一张卡片，任何一张都可以 / 079

THE ACTIVE LEARNING TOOLKIT

策略 30　急救 / 081

策略 31　急速会面 / 084

策略 32　旋转木马 / 085

策略 33　圆桌 / 088

策略 34　同伴教学 / 090

策略 35　俄罗斯轮盘赌 / 092

策略 36　三层鱼缸 / 095

策略 37　恐怖卡片 / 097

策略 38　接力赛 / 098

策略 39　四个火枪手 / 100

策略 40　共同的目标拼接 / 101

策略 41　理解之箭 / 103

策略 42　传递文件夹 / 105

策略 43　角色扮演纸条 / 106

目 录

第二章 促进学生合作学习 ··· 109

分组方法 / 111

策略 44　随机分组 / 112

策略 45　混合能力小组 / 126

策略 46　相似技能小组 / 127

策略 47　兴趣小组 / 128

策略 48　同水平小组 / 129

策略 49　互助小组 / 130

差异化小组 / 132

策略 50　两人配对 / 134

策略 51　便利贴 / 136

策略 52　电子表格的方法 / 138

策略 53　小组生成软件 / 140

● THE ACTIVE LEARNING TOOLKIT ●

 **管理分组主动学习过程** ● ● ● 141

　　策略 54　建立日常惯例 / 147

　　策略 55　解释和示范可接受的行为 / 149

　　策略 56　分配角色 / 150

　　管理主动学习过程中噪音的 6 个小技巧 / 153

　　保证成功的小组学习过程的 10 个小技巧 / 156

微课教学课程资源库 ● ● ● 159

前　言

THE ACTIVE LEARNING
TOOLKIT

"以学生需求为中心"的教学法

"以学生需求为中心"的教学法将如何在教学实践中帮助教师呢？"以学生需求为中心"的教学理念是在亚伯拉罕·马斯洛的需求层次理论基础上首次引入学校教学中的全新教学理念。亚伯拉罕·马斯洛在他的需求层次理论中表明，人类有着广泛的情感需求和心理需求，从对爱的需求到自我实现的需求等。

"以学生需求为中心"的教学理念将人的心理

需求分为三大类，它们在预防问题和应对学生不当行为方面至关重要。一是对"权利"的需求：人们渴望被认可，渴望自由和自主选择权，渴望功成名就并且能对社会做出贡献，希望自己拥有卓越的能力。二是对"乐趣"的需求：人都有好奇心，充满趣味的事物更能让我们愉快地学习和成长，这种趣味还包括冒险、惊喜及多样化，这些让我们的生活更加丰富多彩。三是对"归属感"的需求：包括被重视、被欣赏、被需要以及超越自我的需求。

试想一下，如果我们没有需求，且对需求没有足够的自主控制权，也没有一定的选择权和自由，谁的生活能称得上美好呢？所以我们有对"权利"的需求。如果我们的生活没有一点幽默感、没有花样、没有趣味，我们的生活又该多无聊？因而我们有对"乐趣"的需求。如果我们得不到重视，又不被欣赏，那么与这个社会格格不入的孤独感将会油然而生，而我们对"归属感"的需求尤为强烈。

当这三种需求得不到满足，当它们从我们的生活中一一消

• 前 言 •

失,我们往往会感到沮丧和不安。此时,所有的问题可能都会接踵而至。

想象这样一个教学场景:老师没有设计任何导入活动来吸引学生的注意力,没有根据课程需要给学生设计合适的任务;课堂从始至终呆板没有新意;教室死气沉沉,没有任何欢声笑语;一堂课下来学生一无所获,师生之间也毫无互动交流。

这样的课堂,只会让学生厌学:整堂课没有任何舒缓心灵的音乐来营造轻松自在的课堂氛围;没有任何新奇的活动道具用来吸引学生的注意力;没有适时的休整来让学生精神焕发;没有恰如其分的赞许让学生再接再厉;没有变化多样的教学风格让学生对课堂意犹未尽……

那么,在这样的课堂上通常会发生什么呢?当然,学生会在课堂上调皮捣蛋。可能一开始,他们只是简单无聊地在课本上涂写或者同学间相互传纸条。倘若不及时制止,就会越发不可收拾,学生的行为也会变得越来越具有破坏性,他们甚至会在教室里随意走动、互相扔东西、大喊大叫、对老师出言不逊、

● THE ACTIVE LEARNING TOOLKIT ●

不听老师的安排、不完成作业、肆无忌惮地玩手机……总之,就是想做什么就做什么。而这一切不当行为发生的根源,就在于学生的需求没有得到满足,这些行为反映出了他们内心的不满和沮丧。

所以,我们应该铭记,心理需求的满足至关重要。我们每个人的心理需求必须首先得到满足,因为它是一种原始的、潜意识的渴望。其对于我们的重要性,就像阳光和水对于植物的重要性一样。如果在教学活动中,老师没能提供一些方法来满足学生的这些需求,那么学生将会自己去寻找让自我满足的方式,而这些方式极有可能是偏离正轨的。换句话说,如果你不给他们乐趣,他们就会自己创造乐趣;如果你不让他们感到自己有权利,他们会以自己的方式维护自己的权利;如果你没能让他们觉得自己有价值,那他们就会选择离开,并可能成为一些到处惹麻烦的小混混。(说到这里,我想问一下各位老师是否想过,为什么"黑帮"对年轻人的吸引力如此巨大?)

"以学生需求为中心"的课堂管理/教学法系列阐述的那些

• 前 言 •

独特新颖的教学理念和方法，在全球40余个国家经验证后证明，即便面对的是最淘气、最厌学的学生，依然能够行得通。在过去的10余年间，这些教学理念和方法被证实，在提高学习效率、改善学习成绩、培养互信情谊以及创造积极的课堂学习氛围方面卓有成效。

关于本书

本书详细地介绍了56个教学策略，促进学生感觉到自己是班集体的一员，加强同学之间的友好关系，建立积极的、相互尊重的师生关系，辅助开展良好互动的学习活动，而这些合作共赢的学习活动有利于学生感受到归属感和成就感。

通过提高课堂教学的互动性和吸引力，通过给学生提供实践和体验成功的现实机会，使课堂新鲜、有趣、有意义，学生拥有一定自主权和选择权，确保自己的努力能及时被老师发觉并认可，进而提高课堂学习的积极性，形成学习自主自动、行为自觉自律、课堂积极互动的良好局面。

● THE ACTIVE LEARNING TOOLKIT ●

而这些策略和方法，可用于任何课程的主题或学科领域，其互动和体验式学习的创新方式，对于学生深化学习和记忆，起到了"奇迹般"的效果。

此外，了解和掌握小组合作学习过程的组织步骤及实施措施，并在课堂教学中实践小组合作学习更是当今教育界的教学趋势和实用、必要的学习方法。

小组合作学习的好处

1. 学生扰乱课堂以引起你注意的动机会更少。因为自然而然地，学生的注意力都集中在学习搭档或其他小组成员那里了。

2. 发展了积极的同学关系。由于学生之间互相帮助以达成共同目标，他们之间建立了牢固的纽带，这有助于在课堂上建立班集体意识。

3. 使成绩偏低的学生获得信心和动力。通过与成绩好的学生合作，成绩差的学生也能够参加活动而不会感到缺乏必要的技能和理解能力。成绩差的学生积极参与课堂活动（而不是

● 前 言 ●

在课堂上感到无聊或沮丧），他们就不太容易去扰乱课堂。拥有较高能力水平的学生也通过指导和支持他们的小组成员而受益，加深了他们对材料的理解。

4. 自然而然地培养了学生的社交技能。社交技能比如自我表现、决策、责任心、担当意识、分享、倾听、冲突管理等能力，在小组合作学习过程中自然而然地得到练习，逐步培养起来。之前由于缺乏这些技能而导致的行为问题，以及由这些行为问题的发生继而导致其他问题的连锁反应，也将大为减少或绝迹。

5. 节省了教师最宝贵的资源——时间。很多情况下，一旦学生习惯于某一特定的日常惯例或活动，他们就会有效地教导自己。这时，教师就能从不断地关注、帮助问题学生中解放出来。这意味着当学生需要的时候，教师可以给学生提供高质量的帮助和支持，而不是仅仅在学生要求和提出请求的时候，这才是师生之间真正的双赢局面。

勇敢尝试，大胆改变吧！你的教师生活将迅速获得更多快乐和成就感，在专业教学上更上一层楼！

THE ACTIVE LEARNING
TOOLKIT

第1章

引导学生
自主学习

微复习

微复习可以在任何阶段给课程注入能量，它们也是强化任何课程学习的一种非常有效的方法。如果学生在课堂上只用耳朵听，记住的信息是很少的——可能只有整堂课的10%那么多。但是，当他们有机会重复这些知识时，这个数据就会急剧飙升。因此，微复习的目的是分散地复习老师的授课内容和理论知识，以加强记忆。

策略1　积极主动地复习

像星星一样跳跃

1. 让全班同学起立，站成一枚星星的形状（两腿分开，手臂向上伸展）。

2. 告诉他们不能动，直到有人喊出了跟主题相关的一条重要信息，这条重要信息已经在课堂上或者之前的课堂上讲过。

3. 只要有人喊出一条相关的信息，每个人都跳到星星跳跃的第二阶段，双腿并拢，双手放在身体两侧。

4. 重复这个过程，直到每个人完成大约十次跳跃。

慢　跑

1. 请全班同学起立。

2. 让一位学生喊出1到20之间的一个数字（或在1到10之间——你马上就会明白为什么最好减少这个数字）。这是"目标数字"。

3. 告诉学生们在现场开始慢跑。

4. 学生必须继续在现场慢跑,直到喊出的与主题相关的事实达到了"目标数字"。

单足跳跃

1. 请全班同学起立。

2. 让一名学生喊出1~20之间的一个数字(或者1~10之间)。这是"目标数字"。

3. 告诉学生们开始在现场单脚跳跃。

4. 学生必须继续在现场跳跃,直到达到目标数字的与主题相关的事实被喊了出来。

烟　花

告诉学生,一个"烟花"是指一个学生从座位上跳起来,对课堂做出积极的贡献,比如陈述到目前为止,他们已经学到了什么,或者他们打算如何使用他们所学的信息。用一个计时器计时,告诉学生你需要在接下来的60秒钟内看到15个"烟花"。有时激励可能是有用的……

"好,现在可以有十分钟的休息时间,但是如果你们想休息的话,我需要在接下来的60秒内看见15个'烟花'。"

 反思性复习

教师应适时变换教学风格,从而使得一种特定的教学风格不会丧失新鲜感,令学生厌烦。用一些平静的、反思式的复习穿插在前面提到的更为活跃和快速的微复习之间,以不时变化课堂节奏。例如:

"写下一句话来解释刚刚学过的东西。"

"快速画一张草图,帮助你记住刚刚学过的东西。"

"就刚刚二十分钟内的授课内容写三个短句子,并突出最

重要的一句。"

"在这页书的三条信息旁边写上'我会记住这一点'这几个字。"

策略3　两人一组复习

把班级分成学习小组，把每组的两个人确定为"A"或"B"。

例如，第1轮：

"搭档A，转向你的搭档，向他/她介绍过去的三十分钟里你学到的三件事。"

"搭档A，转向你的搭档，询问你的搭档关于最后一条信息的问题，看看他们学到了多少。"

"搭档A，转向你的搭档，用你自己的话向他/她总结一下我们刚刚学到的东西。"

（每组A和B互换角色，B转向A进行下一轮复习。）

● THE ACTIVE LEARNING TOOLKIT ●

策略4　画图复习法

"画一个符号、形状、漫画或曲线表示你刚刚学到的。向你的搭档展示并向他们加以解释。"

"就我们刚才介绍的信息写出六个关键词。画一个图画/形状/漫画/符号/涂鸦来代表每个词。"

反过来教学

反过来教学是一种有趣的教学方法,即鼓励学生可以通过演示、解释、教学的方法,把自己被教授的知识反过来教给别人,从而巩固自己的知识。记住这句话:"只有当你能教别人的时候,你才是真正学到东西了。"

并且,反过来教学还帮助学生学习新的知识,对老师也有好处,因为你可以检查学生是否理解了所讲的知识点,以及看看你的学生学到了多少,也可以给你一点空闲时间打一会儿盹(开个玩笑)。

● THE ACTIVE LEARNING TOOLKIT ●

策略5　让学生当老师

准备就绪，沉着冷静——教！

无需准备材料。即与学生建立一个仪式或惯例，在老师授课或解释知识点的任何阶段末尾快速地（通常是非常活跃地）回顾。

这个方法简单有效。

告诉学生，当你说（以你最接近安斯利·哈丽特①的声音）"准备就绪，沉着冷静——教！"，他们就和分配给他们的学习搭档一起互相教授他们刚刚学到的知识，时间在三十秒到一分钟。

学习搭档应该编号为1和2，因为这个教学有三个阶段。

第一阶段：在教授完新知识后，在继续学习前，老师询问

---

① 安斯利·哈丽特（Ainsley Harriet）是英国的一个美食及娱乐节目主持人。

学生是否有任何疑问，以便学生明确知识点，尽可能消除在下一阶段产生的不必要疑惑。

第二阶段：老师喊"准备就绪，沉着冷静——教！"1号学习搭档马上教2号学习搭档新概念。鼓励他们使用夸张的面部表情和手势来强调关键知识点是很重要的，因为幽默能让学生坚持学下去，并快速地回顾一遍知识。对于一个很难理解的概念，给学生们一分钟教好新知识的要点，最好保持活动尽可能简短，因为一旦学习搭档失去了兴趣，就没有效果了。这必须是一个快节奏的简短复习，仅此而已。

第三阶段：老师喊"1号学习搭档，你的时间到了"（或类似的话）时，第一轮教学活动结束，学习搭档互换角色。老师再次喊"准备就绪，沉着冷静——教！"时，2号学习搭档教1号学习搭档。

然后，学习搭档互相感谢对方充当自己优秀的老师，接着继续上课。

策略6　小组教学

在这个版本中,每个小组都分配有一个特定的内容,用于面向全班反向教学。

给每组五分钟,准备一个长达三分钟的简短报告,用于简单复习回顾。为了使报告简短(分组活动很难做到这点),并在过程中增添一些乐趣,学生们只允许说话时单脚站立。

鼓励小组报告时使用视觉教具如幻灯片、图表、海报或涉及设备的演示,并且分配更多的时间。

每个小组都面向全班汇报教学。

策略7　案例研究

在这种教学中,学生们小组合作,创建自己的案例研究,重点是在某种给定的情境下处理困难。头几次使用这项活动，提供一些案例研究的样例，学生们将会颇为受益。这个理念是让每个小组创建一个案例研究，然后可以交给其他组进行讨论。

1. 向学生解释案例研究的目的，即是通过研究反映主题的具体情况来了解一个主题。给他们看一些案例研究的例子。案例研究可以是描述一种情形或是引用某一情形下的一段对话，这个对话可以是下面提及的我们在课堂管理课程中使用的例子。

2. 向学生介绍完成案例研究的指导原则：

——案例研究既可以是真实的，也可以是虚构的；

——在给定的字数范围内，保持相对简单；

——包括两个你想回答的问题。

每个案例研究的建议问题包括：

"在这种情况下你会怎么做？"

"这与……是如何联系的？"

"如果你是（受害者/店主/学生等等），你会怎么做？"

"在这种情况下，这个人犯了哪五个错误？"

"在这种情况下,这个人做对了哪五件事?"

"就以上案例研究中的……举三个例子。"

策略8　海　报

1. 学生配成对,或三到四个人组成一组学习。

2. 每对/每组必须快速制作一张解释主题领域的海报。

3. 为每个小组提供彩色笔和制作海报材料。

技巧1:给每组成员各自一支不同颜色的笔,这样你就可以看到所有的学生都为海报做了贡献。

技巧2:限制学生在海报上使用的字词数量。告诉他们可以使用符号和图片,但最多只能使用十个字。如果你不这样做的话,一些海报只不过像是一篇散文或一系列不同颜色的屈指可数的句子而已。在这些句子背后只有很少的思想可供教学使用。

4. 每对/每组完成海报后,展示给班上其他同学看。

5.将海报陈列在墙上,作为下节课内容的起点。

 策略9　随机的反过来教

1.在黑板/白板上写下五个与之前的教师授课内容或者理论部分相关的总结性问题。(老师在课前准备好这些。)

2.从列表中选出一个问题,所有学生都有三十秒时间准备自己的答案。(在这个阶段,没有人知道谁会被选中去教这个问题,所有的学生都要准备答案,以防备被老师选中来回答问题。)

你可以在这里获取资源:http://needsfocusedteaching.com/kindle/active/。从你的资源区中拿出随机姓名生成器,然后用它选择一个学生做随机教学。

THE ACTIVE LEARNING TOOLKIT

>>> 介 绍

1. 在打开的页面上输入一个班级的名称(例如"8X"等), 然后单击"Add"。

2. 点击"go"将显示以下主界面：

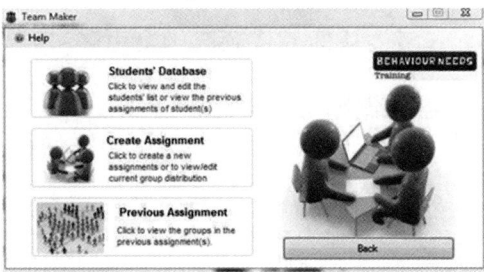

● 第一章　引导学生自主学习 ●

3. 单击"Students'Database"并添加学生的姓名，使用下拉菜单编辑每个学生的性别和能力：

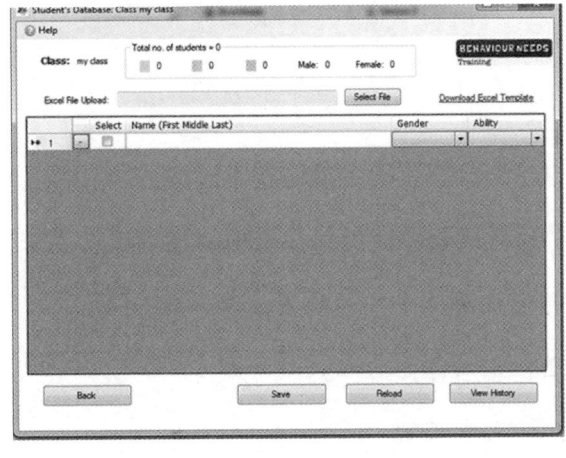

3. 通过夸张的手势、面部表情及戏剧性的声音等对课堂其他学生做反过来教学，被选中的学生有三十秒钟的时间来回答这个问题。

• THE ACTIVE LEARNING TOOLKIT •

学生参与教学过程

• • •

下面的想法旨在让学生参与教学过程。

任何时候,只要你让学生积极地参与到课堂中来,你将:

- 保持他们对这个主题的关注和兴趣
- 改进他们的注意力和兴趣持续水平
- 深化学习和理解
- 使他们保持清醒

几年前,我看过舞台剧《谁的台词》,这是一部颇受欢迎的即兴喜剧表演。演出的前半部分,演员们在拼命卖力地演出,我们作为观众就津津有味地看着,高兴地坐在那里笑。然后一个表演者转向我们,一脸坏笑地说:"现在轮到你们了……"如果他事先和我们连线沟通了,就不可能那么快地活跃气氛了。从那一时刻起,我们不再是观众,都是演出的一部分。这是关于积极参与的真实场景!

"积极参与"通过消除师生之间的无形界限,进一步推进教学过程。下面的设计旨在帮助你的学生积极参与教学活动。

策略10 焦点卡片

在漫长的、说教式的授课/讲座中,第一个活动是特别有用的。

1. 在进教室时,给每个学生几个(比如五或六个)索引卡片,或者把学生分成小组,在桌子中央给每组一堆卡片。

在老师讲课开始时,给出以下指令:

"拿出一张索引卡片,写下关于这节课或者这个主题你想要学习的三件事。在卡片顶端写上一个大大的'1号',然后把卡

THE ACTIVE LEARNING TOOLKIT

片放在一边。"

给学生几分钟时间来完成这些卡片。

2. 大约十分钟后，一旦第一个概念已经讲过了，给学生如下的指令：

"从那堆卡片中拿出另一张卡片，基于我们刚才学习的内容，写下一个简单的小测验问题（建议低能力学生写适合其能力水平的问题）。在这张卡片的顶端写上一个大大的'2号'，并把它传给你右边的人——但是不要读你刚刚收到的新卡片。"

给学生时间写好卡片并传递他们的卡片，一旦他们收到一张新的卡片（别人的"2号"卡），他们要在问题的下面写一个答案，签名，然后传递给下一个同学。到最后，每个人都应该有一张2号卡片，包括一个问题和一个答案。

3. 每个新的核心概念学过后，都会重复这个过程。这样学生就可以在他们的"1号"卡片之外增加两个、三个或四个（甚至更多）卡片，上面都有问题和答案。在课堂的每一阶段，关键知识点都因此得到了复习。

4. 在全班教学结束时,学生们需要读出关于每一个关键概念所收集的卡片上的答案,以及他们在"1号"卡片上写下的陈述。全班共同讨论这些问题的答案。

变换花样:

除了写小测验问题,学生还可以:

——把他们关于这个概念的旧有知识和现在的知识做比较。

——写下他们可以如何将这些新知识应用于实际活动或现实生活中。

——写一个对错陈述,让收到卡片的学生去判断并写出陈述是真的还是假的。

在学生的心中,最简单的学习策略就是重复了,而唱诵则是以一种有趣的方式逐步学习关键的知识点,这个方法是我从

● THE ACTIVE LEARNING TOOLKIT ●

心理学家罗布·隆那里学到的。我经常在培训班和现场研讨会上介绍如何使用这个方法来对付那些难管教的学生,每一小部分都是一个简单好记的"唱诵"。

这个唱诵不过是一个总结相关核心概念的句子而已,但它使耗时十或十五分钟讲授的知识用一句话概括巩固了,并且可以重复于整个课堂进行中的任何阶段,可以经常要求学生齐声喊出来以巩固学习。

例如,在教导完难管学生改变其消极态度后,我们就开始介绍唱诵"积极的态度带来积极的结果",以强调和重申要求难管学生放弃消极思维定式的重要性。

在课堂的任何阶段,我们可能会喊出:

"好,我们学到了什么?"

"积极的态度……"

在每一部分结束后,学生完成唱诵。

当增加主题知识时,你可以设立一套唱诵节目。然后,在这个基础上,增加并完成越来越多的唱诵可以成为有效的开场、兴奋剂或集体活动，从而进一步巩固学生对知识的理解。

 **策略12　有趣的日常惯例**

　　我们提到了日常惯例作为课堂管理工具，对于管理小组合作学习的重要作用。尽管日常惯例的效果惊人，但它并不需要教师独断专行。日常惯例可以有效地被用来以有趣的方式增加课堂互动。

　　让学生参与的最简单的方法之一就是对学生提出直接要求；当你阅读本节的内容时，你会意识到在教学中有趣的日常惯例是没有限制的。通过这种方式，你在课堂上与学生的互动越经常、越频繁，你们就越会感到快乐。提供使每个人都感兴趣的建议是不可能的，我们每个人都有自己的风格，但希望下面的建议能帮到你，为你开发自己有趣的日常惯例抛砖引玉。

　　当我在公司当教练的时候，我运用了这个技巧的一个非常简

THE ACTIVE LEARNING TOOLKIT

单的版本。我工作的公司开设了关于提高领导力和动机的课程，采用了高强度的需要队员齐心协力的活动，比如越野驾驶、动力滑翔伞、攀岩、彩弹射击，强调的是肾上腺素和快乐。每次与学员互动的基本原则就是让他们重复指令（通常以一种傻傻的声音），疯狂庆祝每一个小成就，这在这样的活动中算作常态。

一旦开始教学，我就发现同样的激励/互动方法在课堂上产生了巨大的效果，后来又偶然发现了一个叫作力量教学的网站（现在叫作"全脑教学"），网站提供关于这个话题的一些令人惊奇的想法和资源（全部都是免费的）。

克里斯·比弗尔经营全脑教学网站，在他的网站上提供大量多样的免费资源，用以帮助教师发展这种颇具互动性且有趣的教学风格，网址是：www.wholebrainteaching.com。

后文介绍的有趣的日常惯例是在全脑教学网站上找到的一些版本，再加上从我的教学生涯中得出的一些有用的方法，作为额外赠送。你可以以这些为起点，结合自己的风格和个性开发专属的日常惯例。

第一章 引导学生自主学习

有趣的日常惯例

策略13 好的！

你：每当我对你们说"好吗"的时候，我都需要你们用"好的，老师"来回答，这样我就知道你们的思维是紧跟着我的。好吗？

他们：好的，老师。

你：对了。接下来我们来玩更有趣一点的，你们还必须用与我使用过的相同的声音来回应。[尖声说]好吗？

他们：[尖声说]好的，老师！

THE ACTIVE LEARNING TOOLKIT

策略14　好的，老师！

（如果你看过电影《金甲部队》或《军官与绅士》的操练场景，你会确切地知道这个方法是如何运作的。你可能还想提醒任何相邻教室的老师关于噪音音量即将飙升的问题！）

你：任何时候我需要你们仔细倾听我的话，我会说一个词："注意！"我希望你们大家都喊"好的，老师！"作为回答［像约翰·韦恩①那样慢条斯理地说］，好吗？

他们：好的，老师！

你：[以军士长的声音] 注——意！

他们：好的，老师！

这些例子中很重要的一点是：要使日常惯例正常运行，当需要学生做出反应时就做出反应。这就是使他们积极参与的原

---

① 约翰·韦恩，擅长主演西部片，荣膺奥斯卡奖的美国影视巨星。

因，这些词的实际内容并不那么重要。但越有趣越好。

同样地，我们可以在课程的其他方面使用有趣的惯例，比如做出表扬（参考下文"像看高尔夫球赛一样鼓掌"），宣布重要的事情，强调特定的信息（参考后文"你们在听吗"）和保持学生动力十足（参考后文"雅虎/雅布"）。只要发挥一点想象力，你在课堂上注入的乐趣将是出乎意料的，而且学生参与也会如期而至。

策略15　像看高尔夫球赛一样鼓掌

你：任何时候有人做出一些值得鼓掌的事情时，我会说"像看高尔夫球赛一样鼓掌"，然后，我们都会给他们一轮简短而礼貌的掌声。[示范一下]

定义：

像看高尔夫球赛一样鼓掌是指用一只手的指尖轻轻地敲打

THE ACTIVE LEARNING TOOLKIT

另一只手的手掌,从而制造观众在高尔夫球比赛中安静而有礼貌地鼓掌的效果。尽管鼓掌常发生在高尔夫球手发生重大失误或者尴尬的小插曲之后,并且被视为一种讥讽,但是面带微笑,像看高尔夫球赛一样鼓掌,也可被用作一种轻松愉快的庆贺。

策略16　你们在听吗

你:当我要讲一个重要的知识点时,我会问"你们在听吗?"并且双手放在耳后,好像大象一样[发出像大象一样深沉的声音],好吗?

他们:好的,老师!

你:当我这样说的时候,你们要回答"准备就绪,等待中",把手肘放在桌子上,手指指向我。那么[竖起像大象一样的耳朵],你们在听吗?

他们:准备就绪,等待中。

你：棒极了！好——的！

他们：好——的！

策略17　雅虎/雅布

任何时候，当学生回答得很精彩，我想表扬他们，或者想把他们的注意力转移到他们做错的事情上，比如噪音过大，我就会用到这个策略。

你：任何时候我宣布好消息时，会把手放在半空中，露出微笑（示范一个微笑），我希望大家都喊出"雅虎！"当我宣布一些不太好的消息时，我会面露苦色（模仿英国肥皂剧《东区人》演员的任何一个苦脸），你们就回答"雅布"。我们现在来试试，好吗？

他们：好的！

你：这堂课只剩下5分钟了。

● THE ACTIVE LEARNING TOOLKIT ●

他们：雅虎！

你：刚好足够我给你们布置作业。

他们：雅布！

两人一组活动任务

你可以选择以下任务,布置给学习搭档小组,以增加你课堂活动的参与度。

策略18 同伴教学

给全班同学讲解或示范一个新概念,让学习搭档互相教导知识要点。首先,展示优秀的教学是最有帮助的,要确保每一位合作搭档明白知识点讲解清晰(约定讲解1～3个主要知识点)和有活力(讲解富有激情和热情)的重要性。同伴教学是提升

● THE ACTIVE LEARNING TOOLKIT ●

理解的一个非常有效的方法,因此谚语说:"只有你能教了,你才真正学会了。"

保持过程简洁,无论是总结课堂内容作为复习活动,抑或是作为回顾,以巩固一些很难理解的新知识点,并且要经常示范和鼓励适当的、积极的交流。

例如:

1)5分钟:搭档1教,搭档2听。

2)搭档2感谢搭档1,并给予适当的反馈。

3)5分钟:搭档2教,搭档1听并给出反馈。

适当的反馈:

"谢谢你,我很赞同……"

"我很喜欢你用这种方式解释……"

"我认为你很擅长……"

"你提出的最好的一点是……"

策略19　任务网球

让学习搭档轮流完成一项任务以练习新技能，然后让他们的学习搭档先对对方的活动表现予以评分或评估，之后再尝试完成其活动任务。这种形式可适用于任何课程主题。为了确保两个学习搭档都有事可做，他们应该在同一时间各自完成不同的任务。

策略20　相互测试

无论是作为课堂导入活动、复习还是课堂进行中的活动，让学习搭档彼此测试之前课堂所学的知识内容。

策略21　开发问题

让学习搭档设计并写下问题去询问小组其他成员。

策略22　扼要重述

学习搭档先总结一下知识要点,然后相互反馈给小组成员,以扼要重述部分或全部课堂内容。

策略23　互相给对方读书

让学习搭档互相给对方朗读一部分,而不是让每个人去自己默读知识点、课文、用法说明等。

两人一组学习的配对方法

策略24　找一个学习搭档

1. 学生们在教室里围成一圈走（如果需要的话可以放点音乐），当老师指派或音乐停止时，学生可以配对寻找学习搭档。

2. 学生配对形成后，老师问一个问题或提出一个任务。

3. 学习搭档在预先设定的时间讨论问题/任务。

4. 这个过程要可以在其他配对小组重复进行，或综合各组意见向全班反馈。

THE ACTIVE LEARNING TOOLKIT

策略25　举手（适合年龄稍大点的学生）

当你在教室里走来走去时，会给学生编号，"1号"或"2号"。（试着忽视学生们对于被编号为2号的学生发出的大笑！）

然后，编号为1的学生举起手来，直到编号为2的学生举起手与编号为1的学生配对。

这是一种非常迅速且有效的方法，用来分开那些通常坐在一起并且导致行为问题的学生。

策略26　配对卡片

使用配对卡片是一种有趣而便捷的方法，可以随意将班级学生两人一组分成多组。

材料：索引卡，每个学生一张。

第一章　引导学生自主学习

用法指南：

1. 活动开始前，数清你班上的学生人数，并分成两部分。如果班上学生人数是奇数，把全班人数分成两半，减去三个学生（比如班上有35个学生，分成两组，每组17人还余下一人，然后再减去3人，这样每组16人，是偶数，又可以在其内部分成两人一组了）。

2. 按照学生人数的半数，将学生分成多个对或组，并在每张索引卡片上写下这对学生中的一个。例如，如果你课堂上有34个学生，拿出17对成对的卡片，并在每一个卡片上写下这对学生中的一个。对学生来说，这些配对很容易认出来。

3. 如果班级学生人数为奇数，例如35，就创建16对卡片，加上一组3张容易识别的卡片。你提出的配对线索可以是话题、流行文化或与社会有关的，只要学生能很容易地知道跟他们配对的人就行了。

4. 向全班每个同学随机分发一张卡片，要学生们读出卡片上的单词并找到与它相匹配的单词卡片，以便创建匹配对。允

● THE ACTIVE LEARNING TOOLKIT ●

许学生在课堂上走动,直到他们都找到了和他们配对的另一个。如果班上有一组是三人配对,一定要提前告诉学生,以便他们知晓要寻找另外两张相匹配的卡片。

二人配对/组别的样本

咖啡配甜甜圈

安东尼配克里奥佩特拉

牛奶配饼干

笔配纸

凯撒配布鲁图斯

三人一组的样本

红色、蓝色配黄色(红黄蓝三原色)

行政、立法配司法(政府部门)

● 第一章 引导学生自主学习 ●

小组合作学习

下面的活动兼具"合作性"和"活跃度",因为它们会使学生们混合在一起学习,这使得学生经常会在教室里走动。

> >>> 把学生分成小组学习,以减少学生的行为问题

布置5个教室,设置成交互式教室

教室的安排布局对学生的行为和学习以及你管理课程的能力会产生巨大影响。理想情况下,教师应该能够轻松地走到任何学生旁边,并且应该始终能够保持全

面地兼顾所有学生。当有些活动或某些小组需要把教室设置成特定的布局时，这可能很难实现。但无论你选择哪种布局，都应始终保持教室内课桌之间的走道宽余。

因为课桌之间的过道太小，不仅会限制教师在教室内的走动，还容易使学生绊倒、推挤以及使学生没有"个人空间"。因此，在布置教室时，我们可以考虑对课桌的布局以及学生背包、外套、设备等存储空间，以彻底解决这种问题。通常，最有效的教室过道模式是在教室中间或者在课桌周围形成一个"圈"作为过道。在下面图表中的黑色细线圆圈或椭圆圈显示的就是这种布局。

1. U形布局

U形布局是教室布局的通用设置。采用这种布局时，每个学生都可以看到你，每个学生都有阅读/写作的空间，讲义很容易分发给学生，学生配对很容易完成。这种布局下，你也可以很容易地绕过学生并为每个学生提供支持与帮助，不管是坐在"内部"的学生还是坐在"外部"的学生。

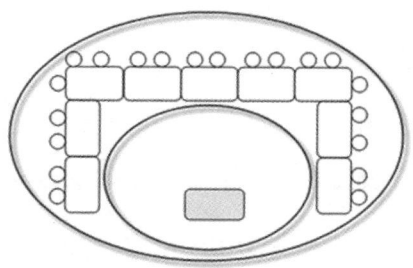

2. 学习小站/配对学习

对于学生配对活动，这样布置教室最好。只需将两张桌子移到一起，学生即可轻松地分组，坐在一起。如果学生的行为问题突出的话，那么这种布局也是最容易"管理"学生的方法之一。

THE ACTIVE LEARNING TOOLKIT

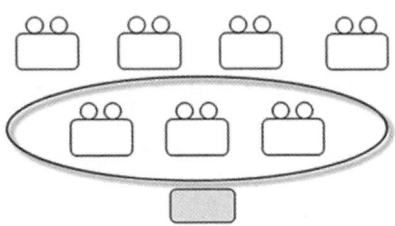

3. 突破分组

如果教室有足够的空间,这种布局可以给学生提供良好的学习环境。在于主要区域重新召集学生进行汇报和跟进之前,分组学习站可以在简单汇报任务之后,轮番进行小组活动。

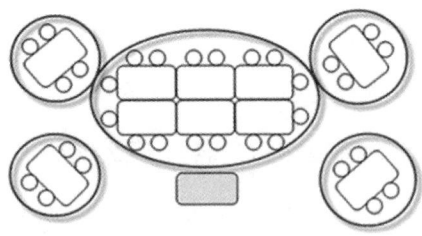

4. 会议风格式布局

这种教室布局对于最多12个小组，对于特殊教育需要小组以及要建立"社区"或"家庭"感的任何活动都很有用。但必须注意的一点是学生彼此对着坐，往往很容易制造麻烦。将你已经知道的容易制造麻烦的学生放在课桌的同一侧，这样做可以在很大程度上防止这种情况的发生。

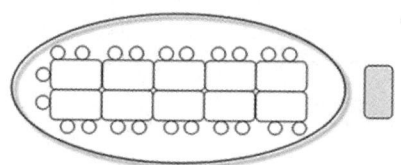

5. 小组座位式布局

这种教室布局可以促进小组成员之间的友情和互动。在某些情况下，可能没有必要让所有小组成员都面对面或者能够看到黑板。例如，如果所有学生在参与自己的小组活动之前，首先要站在前面作为一个小组，进行"简要的介绍"。围绕桌子这样排座位的好处（在这种情况下将有六个小组成员而不是五个小组成员，如下图所示）是有利于团队成员之间创造更多的亲密关系以及形成更加"封闭"的氛围。

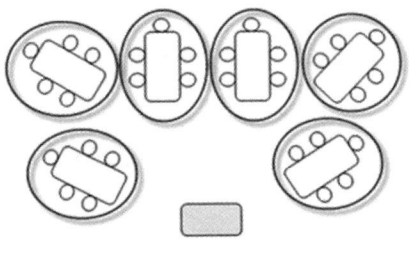

现在，我会请你注意一张"谢谢你，你很棒"图表。在任何小组或搭档合作完成后，你都可以用这个图表来展示和教导

第一章 引导学生自主学习

学生相互欣赏的价值。一些人从别人那里得到积极的评价时,他们的情绪非常激动。这张图表的优点在于,它可以使人抛开对于尴尬的恐惧,给予对方积极评价,而这种评价常常伴随着言语上的欣赏。

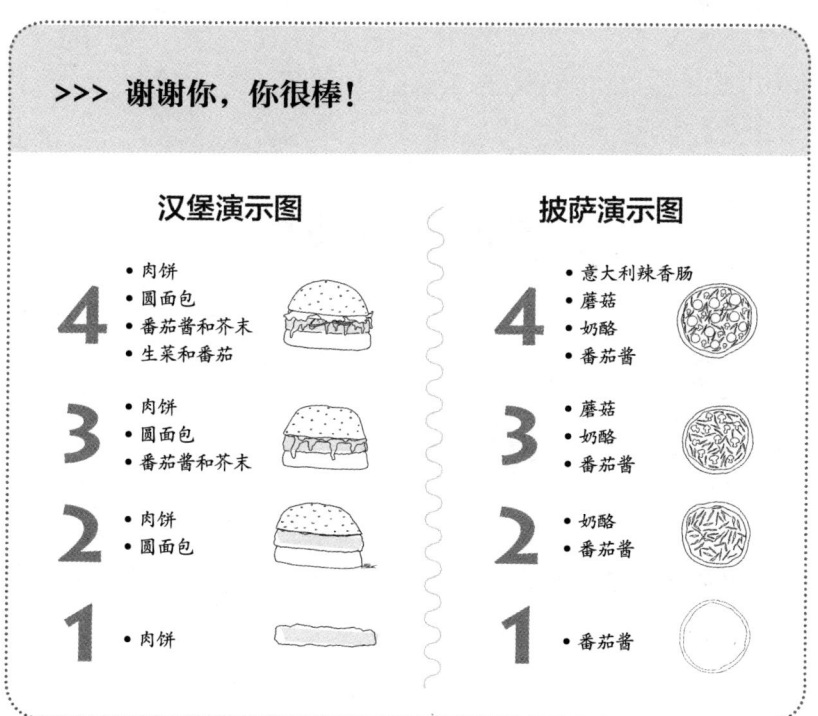

>>> 谢谢你,你很棒!

THE ACTIVE LEARNING TOOLKIT

策略27　谁知道

人数：人数不限。

材料：教师准备的问题卡片或任务表。

时间：20分钟以上，视人数多少而定。

概述：将学生作为一个群体去发现并分享知识的一个非常有效的方式。

用法指南：

1. 学生们开始一对对地活动，并发给他们一张"谁知道？"的问题卡片。可参考下面网址提供的卡片：

http://needsfocusedteaching.com/kindle/active/

>>> 谁知道？

根据你表格中的问题，询问你的学习搭档其中两个问题，由其选择一个问题并回答，之后你要在问题框中写下他们的名字。当他们回答完你表格中的问题后，你必须回答他们表格中的一个问题。当你们都回答了对方表格中的一个问题时，你们就可以互相感谢对方并举手寻找另一个学习搭档。

● THE ACTIVE LEARNING TOOLKIT ●

问题类型	问题类型
姓名：_____	姓名：_____
问题类型	问题类型
姓名：_____	姓名：_____
问题类型	问题类型
姓名：_____	姓名：_____

第一章 引导学生自主学习

2. 学习搭档1问学习搭档2他问题表上的两个问题，搭档2只回答一个问题，搭档1就在其表格上对应问题下写上他们的名字。

3. 搭档2核对后在问题卡片上签名，然后以同样的方式从他的问题表中问搭档1一个问题。之后，两个搭档适当地互相感谢对方。

4. 第一轮任务结束后，两位搭档举起手表示他们正在寻找新的学习搭档。一旦他们每个人都找到了新的搭档，就会重复前面第一轮的过程，互相回答一个问题，然后互相感谢，之后换一个新的搭档。

5. 学生重复前面步骤的1-4步，直到得到他们问题表上所有问题的答案。一旦完成了问题表，学生就可以坐下来完成一个合适的"提前完成"活动，但仍可能碰到其他学生寻找搭档完成他们的问题表。

6. 学生们可以集体做出反馈，也可以组成小组讨论他们的答案后，再给出反馈。

● THE ACTIVE LEARNING TOOLKIT ●

注意：要使用"问题卡片"模板，只需在每个框中键入一个单独的基于主题的合适问题，并为每个学生复制一张完整的表格。

策略28　小组学习与教学

概述：亚里士多德说"教学是最高形式的理解"，大多数教育工作者都赞同这句话。当我们真的教别人某个东西的时候，我们能更好地理解它。这项活动包括同学之间互教活动，让学生有机会成为学习者和老师。它还帮助教师从教学角色中解脱出来，允许他/她在必要时给学生提供高层次的支持，或者抓紧时间小憩一会儿。

这是一种非常愉快和高度互动的教学方式。社会技能，如倾听、参与和同理心，也能在小组成员们为完成共同目标发挥重要作用的过程中自然而然培养形成。它可以用于发现或者是检索各种信息和格式,或其他任何主题。作为新材料教学的一种有效方法,这项活动也可以作为结束主题时一个很好的回顾。

人数:人数不限(四个小组最少十六人,若人数不足,可以减少到每个小组3个人)。

材料:以录像、录音、教科书、报告、模板、成果、客座演讲人/专题专家等形式提供研究/背景材料。

时间:整节课,最少50分钟。

用法指南:

理想情况下,为了使活动顺利进行,将整个班级分成四组,每组四名学生,总共十六名学生。他们将教或者学四个主题,这个数量是最好的,你可以从下文看出来。我们没有生活在一个理想的世界里(一个没有无聊政客的理想世界),老师在某些情况下最多必须应对四十五个学生,而其他情况下需要应对不到十个,所以我们必须有创造性和创新性。我将解释这项活动应用于16人将如何运作,然后说明经过调整,该活动可成功应

• THE ACTIVE LEARNING TOOLKIT •

用于任何数量的学习参与者。

第1阶段——研究（建议时间：15分钟）

在这个阶段，学生被派到他们各自的小组，给每个小组一个研究或者学习的课题，对材料学习实行严格的时间限制是非常重要的。

每个小组都要求制作一个"总结性的海报"，解释他们正在研究的课题。（在实践中，老师可以给学生各种各样的任务。然而，在这种特定情况下，完成的作品可作为第二阶段重要的教具，因此，需要老师严格的指导，整体的成功与否取决于最终结果的质量好坏。为此，需要经常对完成情况作出明确的指导。）

由于已经多次布置这项任务了，我已经学会限制在海报上使用的字词数量，否则"海报"很快会发展成一篇散文，每个参与者都想加入更多的信息。需要指出的是，每个小组的海报将在下一阶段作为教学辅助工具使用，其质量对活动的顺利进行至关重要。因此，有必要压制一些小组的创作天赋，并坚持让他们一直使用相对固定的格式。

我的指导原则如下……

任务：

制作一个总结性的海报，总共概述十个关于（主题）的要点。最多只能使用十个词。你可以使用图片/符号，但只能使用十个词。你们有15分钟的时间讨论、设计和制作海报。

第2阶段——教学和学习（建议时间：10分钟）

在这个阶段，每组指定一个队友成为这一阶段的老师，而剩下的组员由其他组的老师教。"老师们"呆在他们自己的小组里，把小组的发现告诉其他小组的各一名成员就是他们的工作，将会由其他组指派一个老师管理每组另外的三名成员。如绿色教师将教的三个成员来自蓝色、红色和黄色小组，蓝色的老师教的三个成员来自红、黄、绿色小组等。

鼓励每位学习者根据老师的总结性海报和讲义，对主题知识做好清晰的笔记。

第3阶段——小组共享（建议时间：15分钟）

在这个阶段，之前的小组成员归队，相互学习、相互借鉴。之前担任"学习者"的三名成员，现在都在原来的小组中担任老师，轮流将他们从其他小组的老师那里学到的知识教给先前的队友。针对这个活动没必要再设计复习任务，因为每个学生都能有效地学习和教授知识——复习已经包含其中了。

注意/变换花样：

在你的团队中，很少会有十六个人。然而，使每个主颜色组中有多个子组，仍然可以完成人数更多的活动。让每种颜色分三个子组，而不是一个主色组（比如每组4人的3个黄色组，每组4人的3个绿色组，每组4人的3个蓝色组，每组4人的3个红色组），这样将满足48个人。如果学生人数不能被4整除，可以余出一个5人组，留2个人在第二阶段依然当老师。

策略29 选一张卡片，任何一张都可以

概述：学生在三或四人的小组中都有各自的角色，玩卡片游戏学习、巩固或复习知识。

人数：人数不限。

材料：提前写好的问题卡片。

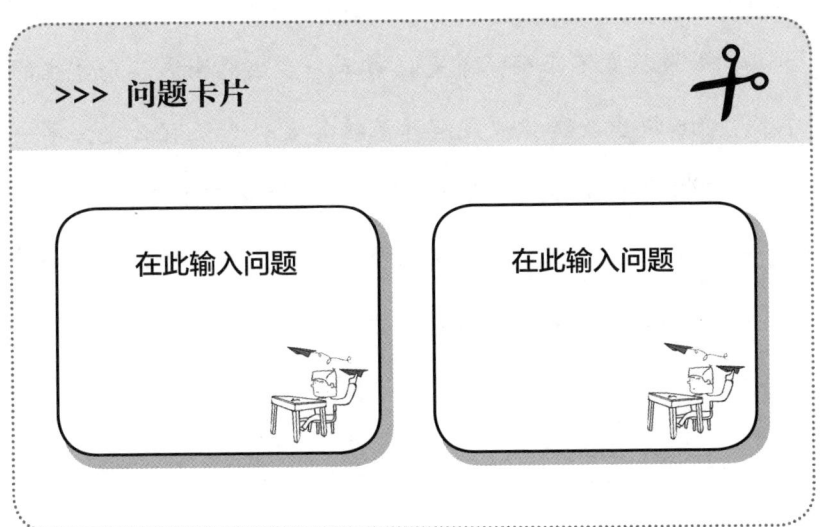

THE ACTIVE LEARNING TOOLKIT

时间： 15-30分钟

用法指南：

1. 第一个学生在手中把问题卡片像扑克牌一样展开，问题面冲向自己，然后说："选择一张卡片，任何一张卡片！"

2. 第二个学生挑选一张卡片，然后大声读出来。在不被其他小组成员打断的情况下，第二个学生回答这个问题。

3. 第三个学生回应第二个学生的回答。可以采取以下几种形式回应：

- 如果答案不正确，首先，第三个学生感谢第二个学生的回答，然后提出改进建议或解释正确答案。如果有必要，第一个学生可以出手帮助，但只有当第三个学生讲完了才行。

- 如果答案是正确的，第三个学生感谢并且赞扬第二个学生，然后再改述他/她的回答。

第一章　引导学生自主学习

变换花样/注意：

该用法指南是为三人小组写的，但也可以让第二个学生从第一个学生手中选出一张卡片，然后向第三个学生大声读出并令其回答，而第四个学生扮演前述第三个学生的角色（对第一个学生的问题答案做出回应），这样就又创造出了一个角色。

策略30　急　救

概述： 这项活动的主要原则是让学生一起学习，找到自己的问题解决办法——无论是基于学科知识或个人视角。它可以作为整个课堂的基础，作为补充活动、开场或集体活动。

人数： 人数不限。学生结对工作。

材料： "伤害"和"急救"卡。

THE ACTIVE LEARNING TOOLKIT

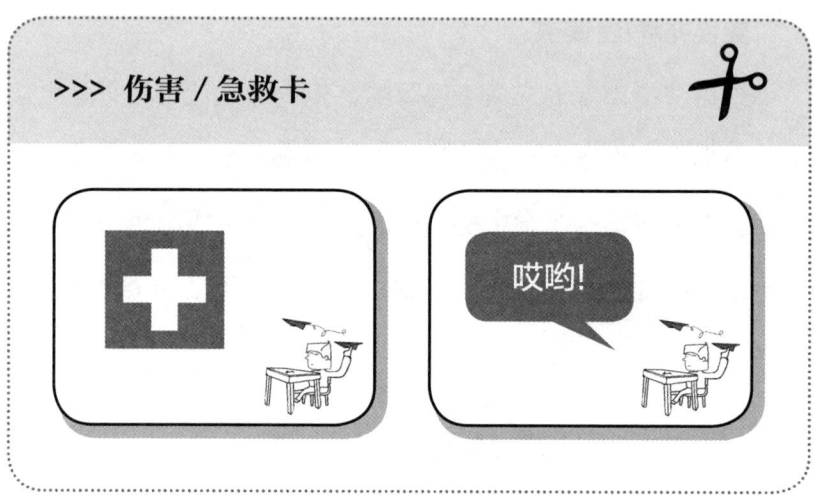

时间：根据不同情况，15分钟到55分钟不等。

用法指南：

1. 指导学生在纸上写下他们想要说明或解释的东西，也就是他们的主题"伤害"。

2. 把学生组成学习搭档，或者分发"伤害"和"急救"卡，随机配对。（每一个持"伤害"卡的学生举手示意，直到持"急救"卡学生与他们配对,然后两个搭档坐下。)

3. 每对在教室里找个小地方,"受伤"的学生读出他们与主题相关的困难或问题。(在这个阶段播放背景音乐就很有用,以减轻学生在大庭广众分享信息的尴尬。)

4. "急救"的同学先听,然后为"受伤"同学提出解决方案。"受伤"的同学可以写下其中对他们有用的解决方案。

5. 2-3分钟后,关闭背景音乐或拉响汽笛,这个阶段就中止了。"急救"的同学仍然坐着,"受伤"的同学寻找新的"急救"同学,以寻求更多的解决方案。

6. 重复这一过程,直到每位"急救"同学接待了4~5位不同的"受伤"同学。

这一过程之后再交换卡片,以使所有的学生都有机会以同样的方式提供解决方案并找到问题的答案。

策略31 急速会面

概述：如果你可以忽略学生名字，这是一个非常有用的活动，使所有的学生在小组内都能和对方有个短暂的接触。其用途包括相互给对方反馈、分享观点和想法、交换和比较数据、快速了解新成员等。

人数：人数不限。

材料：为每位学生提供一个带纸夹的笔记板，提示会面结束的喇叭或蜂鸣器，带屏幕显示的大计时器。对于那些可能难以快速记录信息的动作较慢的学生来说，可能需要模板或写字板。

时间：根据不同情况，15分钟到55分钟不等。

用法指南：

1. 解释那些在整个活动中要讨论或者回答的问题，为每个学生提供一张问题表或适当的数据。

2. 安排一排桌椅，人数比较多的班级可能需要两排或者更多的桌椅，额外的一张椅子就放在桌子的末端。（每个人都必须轮流坐在"回顾椅"上，否则伙伴们的见面时间太快，而当班级人数是偶数时，老师也必须参加。）

3. 学生隔着桌子面对面坐，第一声汽笛声标志活动的开始，每对学习搭档有3分钟时间分享信息。第二声汽笛声意味着"约会"的结束，每个人往左移动一个座位，面对的是一个新的学习搭档。

4. 这个过程重复进行，直到学生遇见自己最初的学习搭档。

注意：每一个循环都意味着有一个新人坐在"回顾椅"上，没有自己的搭档。这个时间可以回顾笔记。

策略32 旋转木马

概述：团队或每对学生可以按照自己选择的顺序进行各种

● THE ACTIVE LEARNING TOOLKIT ●

不同的活动。活动的风格各不相同,但都与相同的学习目标有关。这些活动满足了各种学习风格和喜好,学生也可以自己选择工作的节奏和顺序,这将使他们受益良多。

人数:人数不限。

材料:一系列带有参考资料、实际活动以及示范的学习平台需要设立,例如:

- 音频和视频资源——观看/收听信息,然后回答接下来的问题……

- 参考书和教材——利用这些信息来制作思维导图、报纸报道、广告、海报、摘要、报告等。

- 互联网访问——完成"在线寻宝游戏"。

- 实践设备——设置仪器,供学生找到解决方法。

墙上放一张大图表,上面1栏列出学习平台,学生在相邻的空白一栏中签名。

每个学生发一个笔记板,上面夹上学习平台列表的复印件,学生在完成一项任务时,都会在他们自己的图表和班级图表上签下自己的名字。

时间：这项活动至少要一堂课的时间。如果教室允许放活动设备的话，可以留下设备，设计并开展二、三或四节课时间的活动。

用法指南：

1. 让学生们在规定时间内完成最低数量的任务（例如，从10个选择中最少要选择6个），从而让速度较慢的学生体验成功，而做旋转木马"高飞者"（即学习成绩好的学生）仍然有机会表现自己。

2. 在学生进行任务时，老师要监督他们（例如，需要采取措施以防止那些非常受欢迎的平台过度拥挤），并对那些需要的学生给予支持和帮助。

3. 当一项活动完成后，要求学生将这项活动成果交给老师批准通过后，再进行下一项活动。

策略33 圆 桌

概述：老师给学生布置一个任务，这个任务有利于促进学生之间的讨论，并且讨论内容有多种答案。这种形式可用于各种活动，如解决问题、提供书面答复或添加信息。还可以用于在头脑风暴会议中往清单中添加建议；开发图表或计划，为问题提供可能的解决方法或从研究任务中提取数据等。

人数：人数不限。

材料：每个学生都要有纸和笔或者是适当的工作表/活动细节介绍。

时间：这个活动非常灵活。它可以持续二十分钟或一个小时，这取决于你想让学生生成多少信息。

用法指南：

把学生分成四个小组，小组的学生是随机选择的。但这种活动中，不同能力水平的学生分在一组的效果是最好的，这样

第一章　引导学生自主学习

才能使低能力水平的学生得到需要的动力和支持。

每组选出一名学生担任组长，负责开始任务。每个小组的组长将他们小组成员的贡献写在一张纸或课题表上，再传给下一组成员。这样，每个学生都可以为一个课题表做出贡献。

变换花样：

上述方法非常适合简短的贡献，学生只需添加少量的信息，如一个想法或简短的回答。如果学生需要提供更多的信息，他们要同时作业，即在给定时间各自完成自己的任务。

接到任务后，四个学生同时回应——回答问题、解决问题、添加信息、开发技术、绘图等等，只要是任务要求的。一旦他们完成了任务（或当老师表示"时间到了"），他们就互相交换纸页，沿顺时针方向传递，并且在前面同学的答案基础上重做，以便每个学生都在前人的基础上有所贡献。这个过程一直持续到"一个循环"结束。

当你想让学生学习相关的子话题时，使用下面这种变形非常适合。例如，在科学课上，每个小组成员都会为单独的元素添加一个属性列表；在英语课中，每个小组成员都可以做一个单独的人物简介。

策略34 同伴教学

概述：有句古语说"除非你把它教给别人，否则你永远无法真正学到它。"在这项活动中，每个小组都参与课堂准备并向班里其他同学教授新知识。

人数：人数不限。

材料：应提供适当的教学及资源准备材料，供学生选择，包括海报制作材料、视觉教具和道具。

时间：这项活动将持续整堂课，并且还需要分配点额外的时间（在之前的课堂上），用于准备和研究。

用法指南：

1. 把学生分成四个小组，小组的学生是随机选择的。但这种活动中，不同能力水平的学生分在一组的效果是最好的，这样才能使低能力水平的学生得到需要的动力和支持。

2. 给每个小组一个主题、一种技能、一个概念或一条信息来教授给班级其他同学。

3. 在之前的课堂上，给学生时间研究他们的任务，并决定将如何展示他们的信息。鼓励他们避免像做演讲一样进行演示，而是要尽可能使学习气氛活跃一些，并且必须确保所有成员都参与了教学过程且学习或展示了一些能力。

教学方法的建议包括：

- 视觉教具
- 角色扮演/小品
- 竞猜游戏和拼图
- 问答环节
- 拼图
- 实践环节
- 制作任务表、讲义和阅读材料

4. 每个小组都要给班上其他同学上课。

策略35　俄罗斯轮盘赌

概述：用扔色子来随机选择顺序总是能给任务带来乐趣。学生分组回答预先写好的问题。

人数：人数不限，把全班同学分成四个小组。

材料：这项活动可以用一个普通的色子，让数字5和6轮空，因为实际上每组只有四名学生。当抛到这些数字时，每个人都可以得到暂时休息。另外，可以用资源区里的色子模板自制色子，针对色子数字5和6分别设计恰当的"集体惩罚游戏"。

>>> 骰子模板

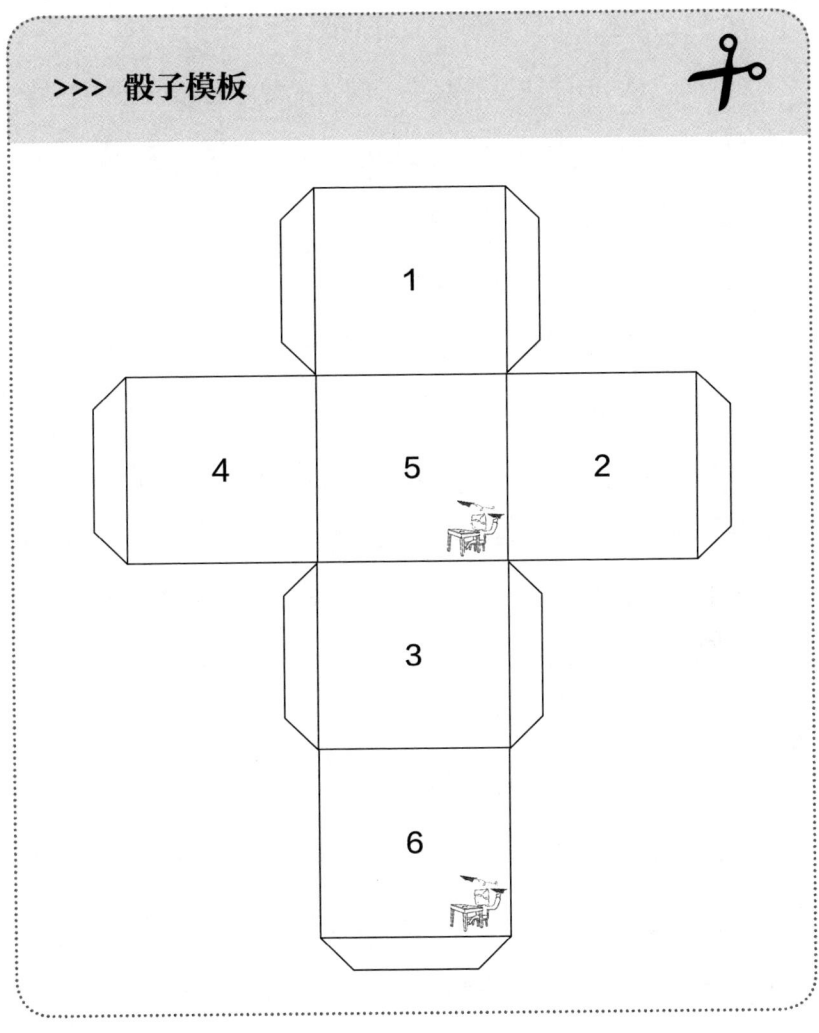

THE ACTIVE LEARNING TOOLKIT

如下文所述,也需要事先写好问题卡。

时间:10-30分钟,这取决于问题的复杂程度。

这一活动可以通过多种方式应用到广泛的主题中。例如,在任何主题中,卡片上的问题都可以直接合并或修改,再去回答。另外,在社会研究或人文学科中,通过将每一张卡片赋予特定的任务、角色或观点,这样,一个主题就可以从不同的角度进行探索和讨论。

另一个变形是让学生把各部分信息排出逻辑顺序。当一个学生抛出色子,他们必须给出一系列信息中的"下一步"。在现代外语课上,这种卡片一句一句地表达,可用来促进故事的发展。每一张卡片上都有一个单词、词组,甚至图片,在下一句中都要用到。

举个简单的例子,学生"4"抛出一个"2"。学生2拿到第一张卡片,上面写有"狗"字,然后他/她必须造一个句子,里面有"狗"这个字。下一个色子上的数字对应的学生必须在第一句后面用他/她卡片上的单词造句,继续这个故事。

用法指南：

1. 把学生分成四人一组，每组成员各有一个数字（1到4）。在每个小组的桌子中央都放一堆问题卡片。

2. 第一个学生摇色子，色子上显示的数字对应的学生拿起最上面的卡片，并恰当地回答问题。

3. 下一个学生继续摇色子，再一次，色子所显示数字的人拿起下一张卡片回答问题。继续这样的循环，直到所有的问题卡片都用完了。

策略36　三层鱼缸

人数：班级人数大约在30-35人是最佳的。

材料：无要求。

时间：30分钟。

● THE ACTIVE LEARNING TOOLKIT ●

用法指南：

1. 老师写三个与课堂主题相关的讨论问题。理想情况下，这些问题应该是相互联系的，但这并非是绝对必要的。

2. 就鱼缸游戏来说，椅子是同心圆排列的，内圈的椅子面对外圈的椅子。

3. 把学生分成1、2、3号，让学生1坐在内圈的座位上，学生2和学生3坐在外圈的座位上。

4. 老师问三个问题中的第一个问题，并邀请学生1面对学生2和学生3做出回应（每个学生"1"对准两个坐在对面的人给出回答——一个学生"2"和一个学生"3"）。

5. 花5分钟时间在这个阶段，然后让学生2和学生1交换座位。老师读出第二个问题，学生2现在有两分钟的时间来补充学生1的意见，然后再回答老师的第二个问题。

6. 学生3重复这个过程。

7. 当所有的三个问题已经解决，全班同学恢复原位，学生们分享他们的答案。

策略37  恐怖卡片

人数：特别适合人数多的班级。

材料：每个学生一张索引卡。

时间：不限。

概述：恐怖卡片提供了一个确保所有学生都参与课堂的好方法。这个方法在人多的群体中特别有用，在这样的群体里，在问答环节和其他活动中，有的人可能会被"遗漏"或"遗忘"。老师随机挑选一张恐怖卡片来确定谁将参与给定的活动。

用法指南：

1. 让每位学生在一张索引卡片上写上他们的名字。

2. 老师将收集上来的一副卡片洗牌，再存放在他/她桌子上的盒子里。

3. 任何时候学生有问题需要回答时，老师都会从这副卡片中拿出一张恐怖卡片，并请指定的学生回答/参与。

4. 将卡片放回到盒子里。

策略38　接力赛

人数：10-30人。

材料：每组10张预先写好问题的卡片，每组卡片颜色不同。

时间：20-30分钟。

概述：这是一个让学生站起来活动的任务，非常有利于爱好运动的学习者。同时，它也促进了团队凝聚力，促使团队成员一起解决问题。

用法指南：

1. 把学生分成三或四人一组的混合能力小组。

2. 指定每个小组一种颜色和一堆问题卡片，卡片放在老师的桌子上，把问题1放在最上面（蓝色小组就用蓝色卡片等）。

3. 为每个小组提供资料——参考书、讲义等。理想情况下，每个成员都应该拥有材料以确保每个人都参与其中。

4. 每组指派一个"奔跑者"。"奔跑者"跑到前面，抓住他们小组的第一个问题，把问题带回小组。然后小组一起从资料中找到答案，"抄写员"将小组的答案写在答题纸上。当他们认为他们得出正确的答案时，一个新的"奔跑者"把他们的答案送到老师面前，老师检查以确保它是正确的。

5. 如果他们的答案是正确的，这个"奔跑者"从他们的团队卡片中拿出第2张问题卡片，然后返回小组寻找答案。如果他们的答案不正确，老师会让他们回去再试一次。当"奔跑者"在老师的桌子旁时，其余的队员阅读参考资料准备下一个问题。

6. 第一个回答完所有的问题的小组赢得奖品（将奖品事先展示给学生看，鼓励他们更加努力）。最后，老师把标准答案提供给各小组，供其修改本组答案。

请注意：最开始的几个问题要简单，以使活动顺利开展。确保学生有跑向讲台的明确路线，尽量减少绊倒或跌倒的机会。

策略39 四个火枪手

人数：特别适合人数多的班级。

材料：预先写好的问题（促进学生之间的讨论或要求用1个以上字词回答的问题对于这个活动很适合）；为学生准备恐怖卡片（见前文）。

时间：每个问题10-15分钟。

概述：三个火枪手的座右铭是"我为人人，人人为我"。这项活动有一个相似的原则，即为了团队的利益，团队成员一起工作。学生分成四人一组与学生分成三人一组的活动形式有所区别。

用法指南：

1.学生尽可能分成四人一组。

2.老师读出一个问题，给学生几分钟的时间单独思考，并写下答案。

3. 老师给学生"讨论时间",让他们与小组其他成员讨论答案。鼓励学生在这个阶段互相帮助,使他们有个很好的理解,有利于完善他们每个人的答案。

4. 老师喊"时间到"并抽出一张"恐怖卡片"。相应学生综合运用其小组成员的知识回答这个问题。

策略40 共同的目标拼接

概述:以结构化的方式处理问题,鼓励学生讨论,促进团队工作。它类似于策略28"小组学习与教学",但在这个版本中,学生就某个特定的主题成为"专家",而不是每个小组成员简单总结他们学到的信息。然后,为了达到共同的目标或完成小组任务,每个人都会与其他小组成员共享知识。

用法指南:

1. 老师把全班同学分成四人一组的混合能力小组。每个小

● THE ACTIVE LEARNING TOOLKIT ●

组在性别、能力和态度上反映出整个班级的平衡分配,被称为"基组"。

2. 每组共同完成一项任务。为了设置任务,我们使用了讲义。阅读材料要保持一定的长度和复杂性,如果基组成员为四人,那么主要任务中有四个问题或任务,即每组成员一人一个。学生之间协商后,每个小组内自行分配问题或任务。

3. 所有选择某一特定问题或任务的学生现在重新组合成专家小组,合作研究那些共同的问题并得出成果。发给每个小组合适的研究材料或相关的工具和资源(如果这是一项实践任务的话)。到这一阶段结束时,通过与其他"专家"的讨论和合作,每个人都将成为这一问题的专家。

4. 基组成员归队,相关知识开始传播。为基组设置最后的任务,可以是由小组共同得出成果,也可以是成员各自完成任务。关键是确保学生综合利用原组的"智慧"来完成这项任务。

策略41 理解之箭

概述：在教学过程中，使用箭头是检查学生是否理解了课堂内容的一个非常好的方法。在课堂上，你问学生问题时，学生每人举起一个小的带箭头的折叠卡片。箭头即指向答案，因此你可以很容易地判断整个班的学生是否理解了该知识点。这对于那些在课堂上不敢举手却心存疑惑的学生而言，也是非常有帮助的。如果他们的箭头指向错误的方向，那么，你很快就能知道他们是如何加以理解的，并纠正学生的任何误解，或者是回答他们可能有的任何额外的问题。

人数：全班学生。

材料：一张小的（"5×8"）纸片或卡片，一面有一个大箭头，折叠的纸片要具有耐久性以便将来使用。

时间：在教学过程中。

● THE ACTIVE LEARNING TOOLKIT ●

用法指南：

1. 开始上课前，给每个学生发一张叠好的箭头卡片，并告诉他们，当你在课堂上提出问题，他们将用这些箭头卡片指示自己的答案。

2. 在教学过程中，要求学生用箭头指向某个特定的方向来回答问题。如果你在比较和对比两件事，这是特别有用的，写一个答案在黑板的左侧，并将与之相对比的答案写在黑板的右侧。当学生回答问题时，他们能把箭头指向正确的方向。

3. 对于回答是或否的问题，指示学生们把箭头冲上或冲下代表"是"或"否"。

4. 根据不同的问题，学生们会举起箭头卡片，且能够让你一目了然，并判断他们是否正确地理解了这个主题。这个方法可以很便捷地用来纠正他们出现的任何误解，保持整个课堂处于正确的轨道。

5. 一旦教学结束，学生可以将箭头卡片交还给老师，以便将来使用。

策略42 传递文件夹

概述：传递文件夹是个让学生复习课程的中心难题、问题或一堂课的基本知识的好方法。总的来说，学生将复习某个主题的知识，并在每一个文件夹中编写他们的答案，最终形成全班范围内对这个话题的理解。这种复习活动非常有利于那些比较害羞的学生，他们会与小组成员一起回答问题，而不是在课堂上被单独叫起来回答问题。

人数：全班学生，分成4-6组。

材料：四到六个文件夹。

时间：5-15分钟，取决于课堂讨论的时间长短。

用法指南：

1. 在活动开始之前，创建四到六个跟课堂有关的中心问题。把每个问题写在一张纸上，并将每一张纸夹在一个空文件夹中。

2. 将全班学生分成四至六组，小组数量与文件夹数量相同，

● THE ACTIVE LEARNING TOOLKIT ●

给每组学生发一个文件夹。

3. 每组学生将读到问题并想出答案,在文件夹中的那张纸上写下一个句子,然后将文件夹传给下一个小组。为加快这一步骤,为每个问题设置时间限制,并让各小组同时传递文件夹。

4. 在每个小组都回答了文件夹中的问题后,教师在教室里走动环视各组情况,让每组学生把问题和下面的所有答案大声地读给全班其他同学听。

5. 每一个文件夹都经过检验后,再进行课堂讨论,以确保答案的准确性,并且看看是否有学生有任何要补充的答案。

策略43 角色扮演纸条

概述:角色扮演纸条是开始一个新单元的好方法,也是使学生参与并对新主题/学科感兴趣的方法。在小组练习中,学生随机分配角色,并根据这个角色提问和回答问题。这个练习旨

第一章 引导学生自主学习

在让学生看到问题的诸多方面,学习如何利用信息帮助他们主张自己的观点,并使他们对这个主题感兴趣。

人数:全班学生,把学生分成三到四人一组。

材料:每组学生一套角色扮演纸条,计时器。

时间:20-30分钟。

用法指南:

1. 在练习开始之前,准备一套角色扮演纸条。在你所教的主题/科目中决定三个或四个不同的角色。例如,如果你开始讲核能这个单元,一个角色将是核能科学家,一个角色将是对此抱以关心的市民,另一个角色是城市开发商。不要顾虑表现出创造性,而是尽可能使角色具体化。把每一个角色分别写在一张纸条上,如果学生分成多组,就要准备多套纸条。一旦你完成了这些角色,就基于每组各成员将被分配的角色的视角,列出一个要求其加以回答的问题清单。继续上面的核能例子,你的问题可以是:"核能是一种传统能源形式的安全替代选择吗?"或者"我们的城市应该使用核能吗?为什么或者为什么不?"

● THE ACTIVE LEARNING TOOLKIT ●

2. 在课堂上开始练习时，把学生分成三到四人一组。确保每个小组都有足够的角色，以便每个学生都有自己明确的角色。随机从每套纸条中给每个学生分配一个角色条，小组中所有人都有不同的角色，应该没有人角色相同。

3. 在黑板上写下角色扮演的问题，并要求每个学生以他们被分配角色的视角，写下问题的答案。例如，如果学生被指定为核科学家的角色，他或她将从科学的角度回答这些问题。给学生一分钟的时间写下他们的答案，然后让学生用一两分钟的时间快速地讨论他们小组中的每一个答案。第一个问题完成后，继续回答和讨论剩下的问题，直到各组回答完所有的问题为止。根据问题数量的多少，这部分练习可能需要花一点时间，用计时器或时钟引导学生专注于回答问题。为了节省时间，你可以只问一个非常核心的问题，而不是许多简单的问题。

4. 学生小组回答了所有的问题后，带领全班同学讨论他们的答案，以及角色扮演练习如何帮助他们看到问题的诸多方面。利用这个讨论来引导学生深入学习这个话题或单元。

THE ACTIVE LEARNING TOOLKIT

第 2 章

促进学生合作学习

● 第二章　促进学生合作学习 ●

分组方法

● ● ●

当你准备一个小组活动时，有很多种学生分组的方法。不同类型的分组有不同的好处和挑战，所以你选择的分组类型取决于各种因素。在某些情况下，允许学生自行选择自己的小组可能是比较适合的。但一般来说，由老师来判断决定哪一种分组方式对班级和特定项目最适宜。各组成员的组别应定期轮换和变更，这样既保证了整个班级的有效互动，又不会使学生因此形成小圈子。

策略44　随机分组

这是形成小组的最快方式之一，最适合于个人能力组合水平不甚重要的活动，如头脑风暴会议、游戏和其他有趣的活动，或者是面对你还不太熟悉的新群体。就像友谊小组这种形式（学生们被告知可以和朋友们分在一起），学生们认为这是一种"公平"的分组方式，因为它是基于机会而不是由老师精心选择的。当你了解了你的学生时，你自然会发现把一些人组合在一起是不合适的，你会逐渐从"随机分组"转换到后文所阐述的更有计划性和组织性的方法。

随机分组的点子

1. 把钢笔夹在注册簿上

这显然是一项快速而简单的操作，并不需要解释。

● 第二章 促进学生合作学习 ●

2. 任意选名字

这个操作也非常简单,就不多解释了。

3. 数字游戏

虽然随机分组是一种非常快速且便捷的方法,但是如果有必要的话,可以在活动进行中再分组。比如,开始数全班同学的人数,四人一组,如:1,2,3,4;1,2,3,4等。开展首个活动时,这些四人一组分组活动。之后,把编号"1"的同学分为一组,把编号"2"的学生分到另外一组,以此类推把全班同学重新分组。

靠谱小贴士

如果你想在尽可能避免课堂中断和秩序混乱的情况下组成小组(谁不想这样呢?),就要分阶段处理这些问题,让学生们彼此轻松辨识。简单地说让"1号"学生重组就会引起混乱,因为谁都不知道谁是"1号",他们会

THE ACTIVE LEARNING TOOLKIT

大声叫喊,试图找到新的小组。即使是在忙乱、拥挤的教室,通过一些巧心思,你也可以尽可能避免可能出现的问题,帮助学生轻松辨识彼此和归队。

"所有的'1号'同学举起你们的右手。"(停顿一下。)"举你们的手,直到你们找到了四人小组中的'1号'组。一旦你找到了其他三个'1号'同学,就可以放下你们的手,坐在你们的新组中。"

给他们几分钟的时间,然后为其他小组重复这个过程。

4. 卡通漫画

这里有一个更有创意的分组法。将卡通漫画分成不同的板块——每组一页漫画故事。如果你想组成六个组,那么,需要六页不同的卡通漫画故事。可以从一整本漫画中各取一张漫画图。比如:英国经典漫画杂志《欢宴》(*The Beano*)中的漫画故事,像"疯丫头米妮"、"邻家小鬼"、"罗杰道奇"等等。

第二章　促进学生合作学习

把漫画图剪裁、打乱顺序、混合放在一起，学生走进教室时给他们每人一片。然后他们必须找到同组其他成员来组成他们的"漫画故事页"。当参与者找到小组其他成员后，他们必须安排好自己的顺序，以便按时间顺序排列好连环漫画，然后大家一起坐下。

5. 彩色/图形卡片

这是适合再分组的另一种方法。给每个学生发一张彩色/图形卡片。请参见下面的模板。

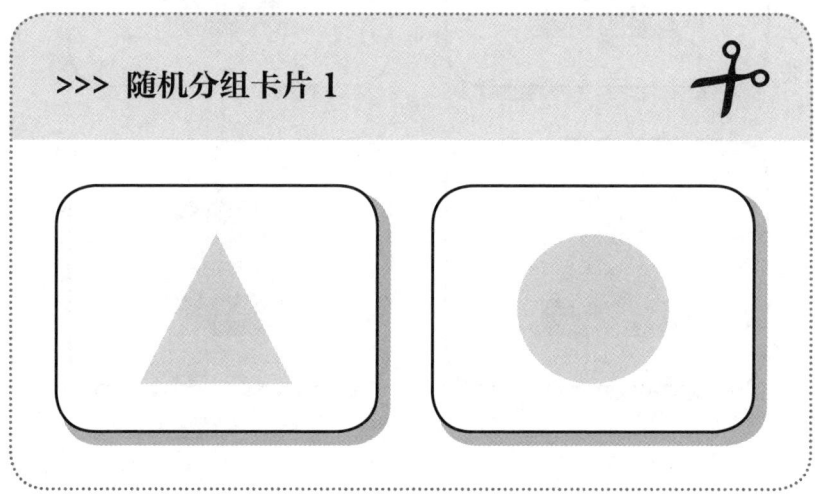

● THE ACTIVE LEARNING TOOLKIT ●

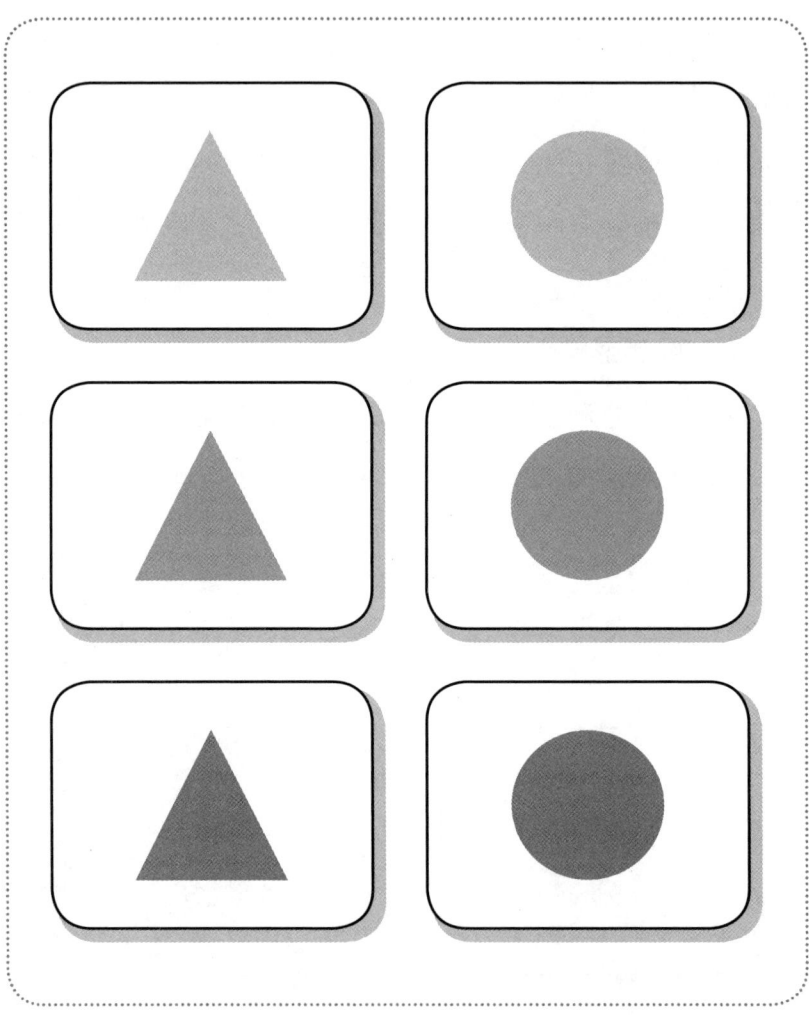

第二章　促进学生合作学习

>>> 随机分组卡片 2

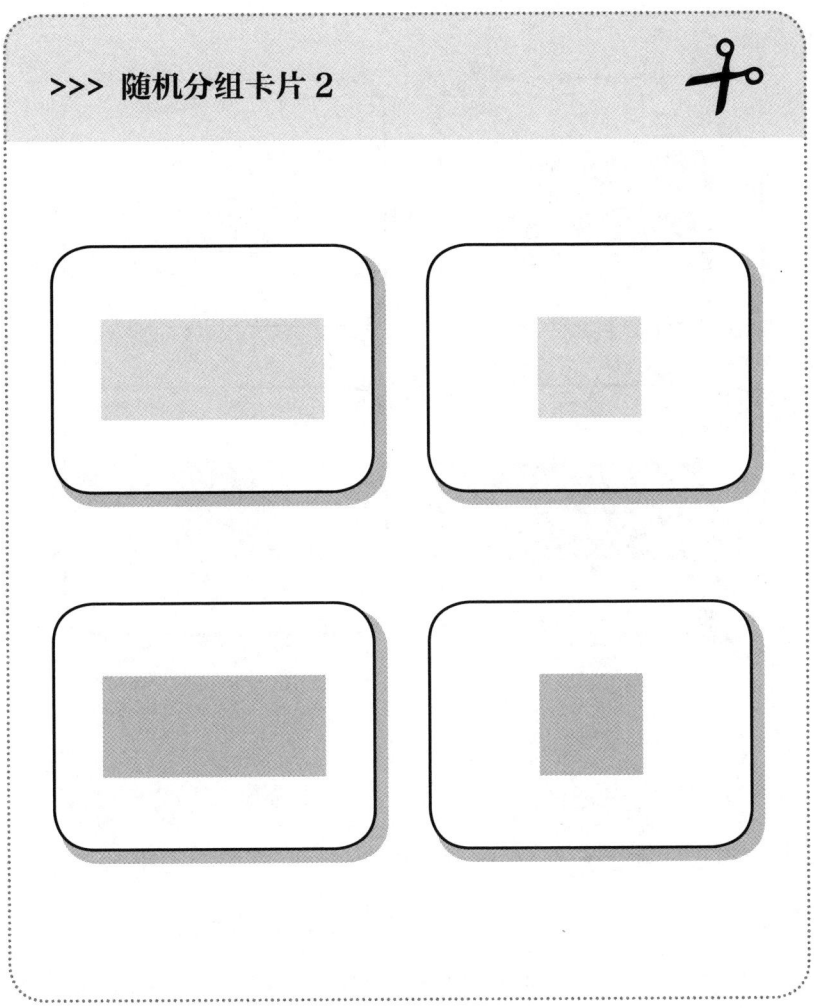

● THE ACTIVE LEARNING TOOLKIT ●

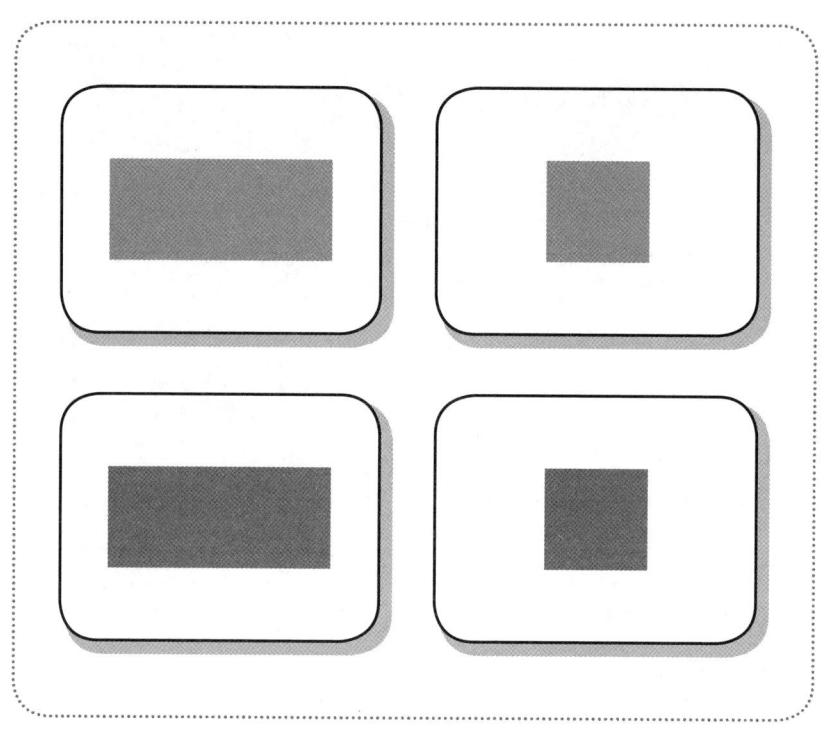

然后，四组选择一种图形卡片，并给每个学生一张卡片，颜色为四种颜色中的一种。也就是说，所有的学生都会得到一张圆形卡片，然后分成红色、蓝色、绿色和黄色四组。

如果可以使用更多不同形状的卡片的话，那么还有进一步

● 第二章　促进学生合作学习 ●

的机会去再分组。在一个32人的班级（为了便于解释，假设班级有32个学生），将有八个四人小组。给班上学生发每种颜色的卡片各八张，以得到我们的初步分组。也就是说，每种颜色对应两个四人小组。

如果我们想在活动的后期拆分各个小组，而不是如前文一样使用一个形状的卡片，我们可以为每种颜色发放四种形状的卡片。也就是说，红色主组不再是八个圆形，而是两个红色三角形，两个红色方块，两个红色圆形和两个红色矩形。我们可将这个组分成四个红色的子组，每个子组由每个形状组成。这并不像听起来那么复杂，实际上很简单。

在活动的后期，还可以按相同的形状而不是颜色分组，这样，每个学生就可以和其他三个新成员一起，组成一个新的小组。

"我们将组成新的小组，共同分享学到的知识。你需要找到三个新队员，他们的形状和你一样，但颜色不同。在你的新组中，应该有四个颜色不同但形状相同的卡片。"

● THE ACTIVE LEARNING TOOLKIT ●

6. 拼图

简单的拼图游戏可以将杂志上的图片粘贴到纸板上，然后将图片切割成你想要的形状、大小和件数，当然，也可以从玩具商店买到。你需要大点的简单的拼图，如果是从商店购买的话，就是那种给幼儿使的拼图，包含五或六片就可以了。

你需要让创建的小组数量与拼图数量相同。也就是说，如果你想把这个班级分成六个小组，每个小组五个人，你需要六个拼图，每个拼图至少有五片。

然后，把拼图中的碎片都混合起来，给每个学生一块拼图。当准备把学生分成小组的时候，放一些音乐，并指导他们从其他人那里找到拼图的其余部分完成拼图。小组完成拼图，坐好，将拼图放在面前。

> **靠谱小贴士**
>
> 如果想使方式更为巧妙，你可以寻找与课程内容相联系的图片，并以之作为开始课堂时提问问题的提示。

7. 巧克力棒

这种方法很受学生欢迎，在某些特殊场合或者当你遇到一个比较棘手的班级时，这个方法非常好用。

买一系列巧克力棒或小包甜食/糖果。同样，你买的糖果类型数量要和班级分组数量相同。最好使用"有趣形状的"巧克力棒，你可以买一个包装里大约装15-20根同种类型巧克力棒的那种。所以，如果你有六个小组，每个小组五个人，你需要六种不同类型的糖果，每种类型的糖果需要五根/包。

在每个座位上用胶带粘上一根巧克力棒或者一包糖果，当你想让学生组成小组时，让他们检查座位，找到他们的礼物，然后同一个糖果类型的学生就归在同一个小组。

为了确保各个小组不会混淆，在教室墙上的不同地方挂上每种糖果类型的图片。比如持"火星"巧克力棒同学就在"火星"巧克力棒图片下面碰面，持多利是黑条巧克力的同学就在其图片下面会合等等。

对了，差点忘了。记住在进行这个活动之前检查学生的既

THE ACTIVE LEARNING TOOLKIT

往食物过敏史记录！

8. 家族

为四或五人小组创建一个"著名家族成员"或卡通人物的列表（每组的参与者数量由你决定）。例如：霍默，玛吉，巴特，丽莎（《辛普森一家》）；彼得·潘、精灵婷科·贝尔、霍克船长、温蒂（《彼得·潘》）；蝙蝠侠，罗宾，企鹅，小丑（《蝙蝠侠》）等等。

把每个名字都写在一张单独的卡片上，当学生走进教室或者你想把他们分成小组的时候，给每个学生一张卡片，然后让每个学生找到他们"家族"的其他成员。

9. 动物

最后一种方法很吵闹，但也很有趣。当学生走进教室时，给每个学生一张动物卡片。

第二章 促进学生合作学习

>>> 动物卡片

THE ACTIVE LEARNING TOOLKIT

>>> 动物卡片

第二章 促进学生合作学习

请注意：根据每组参与者的人数为每种类型动物制作足够多的卡片。如果你想要每组五个学生，确保每种动物的卡片都要复制五份。

当你想让他们组成小组时，他们要在不说话或不展示他们的卡片内容的情况下，找到其他组员。为了找到组员，他们要把自己卡片上动物的声音发出来，即所有的牛都会"哞哞"，羊都会"咩"，驴都会"啊呃"，猪都会"哼哼"等。发出同样的叫声的同学会成为一组。

对于任何需要参与者给班上其他同学提供反馈的活动，这种类型的分组也是非常理想的，例如有趣的问答测验。这个方法的好处是当他们想回答问题时，他们有一个现成的"蜂鸣器"——他们卡片上动物的叫声。

● THE ACTIVE LEARNING TOOLKIT ●

策略45　混合能力小组

通过这种分组方法，可以使拥有不同技能或强项的学生组合在一起。例如，每个小组都可能有一个书写整洁的记录员，一个天生的领导者给大家加油打气，一个有才华的艺术家，一个自信的发言人。学生自然而然会扮演一个有益于他们小组的角色。

有些老师喜欢在小组中分配角色，帮助学生跟上课堂步调，有时是挑战学生他们未必会选择的角色。作为老师，你可以通过为各种角色分发卡片来分配角色，如"记录员"、"记者"、"发言人"、"激励者"、"艺术家"等等。通过给每个学生发一张特定角色卡片，实际上，老师控制着每个学生的可能表现。当教室特别吵闹、学生们不熟悉小组任务，或学生不必知晓如何分配角色时，这是进行混合能力小组这一分组方式的有效手段。这种分组方式有助于激励个人，因为每个人在团队的成功中都

第二章 促进学生合作学习

扮演着重要的角色——它依赖于同伴鼓励。

策略46 相似技能小组

通过这种方法，将具有相似技能和长处的学生组合在一起。如果你要做一个大的班级项目，这种方法会更有效。每个小组都可以专注于项目的一个方面。例如，如果你要炮制一出戏剧，你可以让一群有艺术才能的学生负责舞台布景，一群富有创造性和积极性的学生筹集演出服，以及一群"小作家"润色剧本。

这种类型的分组并不适用于所有项目，因为小组作业通常涉及需要不同技能的各种任务。然而，这种分组的一个主要好处是学生们可以做他们擅长的事情。这种分组有助于激励个人，因为他们可以在自己喜欢的领域发展（或展示）自己的技能。

● THE ACTIVE LEARNING TOOLKIT ●

策略47　兴趣小组

与相似技能小组一样，兴趣小组只对某些项目有效。它们对于研究项目尤其有效，因为那些有兴趣研究某个特定主题的学生可以一起工作。当为这种类型的分组做准备时，让学生在卡片上写下他们的3个选择（关于研究主题或其他主题，这将决定他们的分组）是很有帮助的。如果你提出话题，让学生立即写下他们的选择，这样就最好了。因为这样他们就不必和朋友们讨论话题，并且为了讨好朋友，违心赞同并写下他们的答案。

学生的选择决定了他们的分组（虽然有时你可能不得不干预，如果知道某些分组行不通的话），这就是为什么你应该让学生在他们的卡片上写几个选择的原因。例如，这个班级一直在研究中世纪的欧洲，你可能最终有一个小组专门研究骑士、一个专门研究城堡、一个专门研究医学、一个专门研究农奴的日常生活。然后要由你来决定如何让学生做这项研究。他们每个

第二章 促进学生合作学习

人都要做自己的研究，小组就是用来帮助解决问题吗？或者每个小组都要提出一个项目，每个成员都关注项目的一个方面？在这种情况下，你可能会发现在小组中分配个人角色非常有用，以便学生能够有效地完成项目。这种分组有助于激励学生个人，因为他们可以与那些兴趣相同的人一起工作，有利于激发他们的创意。

策略48 同水平小组

在这种类型中，老师按学生某一学科的当前表现水平分组，这样，想进度更快地学习的学生可以和他们的小组一起学习，而需要更多时间的学生可以跟进度较慢的小组来学习。这是一个语言艺术科目教师根据学生能力水平跨度较大，而合理分配各种书籍的理想方式。教师可以依据阅读能力对学生进行分组，然后为每个小组分配适当的书籍。

● THE ACTIVE LEARNING TOOLKIT ●

当老师分配给小组任务，让他们边阅读边完成时，这一方法效果最佳。也许他们必须在每一章中找到五个单词表词汇，为每一章提出并回答十个阅读问题，或者设计一张海报来教班上其他同学这本书的内容。对于年纪较小的学生，每个小组可以有自己的拼写清单，所以那些优秀的拼写者可以调整自己的进度，与拼写困难的学生拉开距离。这种方法有助于激发学生的积极性，因为学生可以以一个有利于自己的节奏学习，学习更快的学生不会感到无聊，而能力较差的学生不会感到沮丧或感到落于人后。

策略49　互助小组

在这种类型中，我们的小组有一两个学生在某个主题上能力非常强，然而还有一个或两个学生在这个主题上需要帮助。这种类型的分组可能使一些学生感觉优越，而另一些人则感到

第二章 促进学生合作学习

自卑，所以对于该如何使用这个分组方式，你要特别的注意。当你不是尝试教授学生学术概念而是教一种特定的技能的时候，它通常是最有效的，比如组织能力。组织能力特别好的学生可能会从帮助一个总存在不足的同学的过程中得到巨大的满足感（同时也发展他们自己的社交技能）。在这种情况下，教师要传达的观念是，那些需要帮助的学生并不是什么都不好，只是缺乏这方面的技能。如果教师能使分配的小组成员中受助者也能教给他们的施助者一项重要的技能，那么这些小组将是最有效的。

• THE ACTIVE LEARNING TOOLKIT •

差异化小组

• • •

　　这种类型的分组最大化地激发了同伴教学、社交发展和课堂管理的潜力。同时，还避免了可能导致的一系列校园欺凌、抗拒学习、学生缺乏社交互动等课堂管理问题。在各种研究学习过程中，正是这种特殊的分组，显示出学生获得了显著的学术成就。

　　一般来说，一个混合能力小组包括一个高成就者、一个低成就者、两个处于中间成就的人。当然，理想情况下，小组应包括男性和女性。适当时，少数族裔群体也将同样得到代表。

　　为长期项目和整个学习计划创建不同的小组，通常持续三至六周左右。如果小组的变化比这更频繁，那么就没有足够的时间让个人培养团队凝聚力，但如果小组没有改变的话，那么

第二章 促进学生合作学习

学生在新的分组方式中使用社交技能的机会就会丧失。团队应该不时变化,甚至当团队成员一起工作效果良好的时候,这不只是因为它给学生机会进一步拓展他们的沟通技巧和与他人建立联系的能力,而且还可以让小组成员彼此分开一段时间。总的来说,有些小组不会像其他小组那样和谐相处。当学生之间相处不来时,使学生无限期地在同一组,这对他们是不公平的,并且这不利于他们自身的发展,也会产生不必要的管理问题。

虽然已经证明差异化小组有利于激发学术成就,但这绝不应该是合作学习中唯一的分组类型。否则的话,其他类型分组的好处就无法实现了。因此,教师应该不时地使用随机分组、混合能力小组、相似技能小组、兴趣小组、同水平小组和互助小组,以便最大限度地使学生通过小组学习彼此受益。

那么,怎样形成差异化小组呢?

有好几种形成差异化小组的方法。它们都不是特别的简单,需要一段时间才能找到合适的分组。然而,这是值得我们努力的。你需要留意的第一个问题就是不要让学生意识到是按能力分组

● THE ACTIVE LEARNING TOOLKIT ●

的，这意味着我们在组建小组的时候必须要秘密一点，不能完全公开透明。

首先，我要介绍的是两种技术含量很低的方法，但是还有两种可以节省你时间的方法。不管使用的方法是什么，要取得进步，你都需要注意下面这一点：根据学生的能力水平，做一个班级列表。简而言之，我们把能力分为三大类：低、中、高。它不必在电子表格中完成，你可以用纸完成，或者一个旧信封的背面。如果你是下班后在酒吧里，甚至可以用啤酒垫做。

策略50　两人配对

这种方法最受学生欢迎，因为他们可以控制自己选谁做小组成员。缺点是不能所有班级都使用它。如果学生们意识到班里同学的能力处于明确而宽泛的范畴，那么，这个分组就不会那么有效了。

第二章 促进学生合作学习

首先使用班级列表将学生分成四个明确的小组。把"高能力"的学生放在教室的一个角落,在另一个角落放"低能力"学生,然后把"中等"能力的学生分成两组,在剩下的两个角落各放一组。显然,这假设你是在有四个角的教室里。如果你在六角形教室工作,必要时要调整变通一下。

接下来,请"高能力"的学生从"中间能力"学生的角落找一个搭档。让学生举起手直到他们找到一个搭档。当找到搭档后就放下手。这样学生就可以立即看到还可以找谁做搭档。

然后,让"低能力"角落的学生,以同样的方式从另一个"中间能力"的角落找到一个学习搭档。

现在,低/中能力配对的学生面对着高/中能力配对的学生各站在教室一边,然后,需要做的就是使教室这边配对好的小组与对面配对好的小组再配对组成一个小组。这样的话,每组有四个学生,有两个中等能力的学生,一个高能力和一个低能力的学生。

你会发现,如果留给学生自己挑选搭档,学生会不约而同地挑与自己同性别的同学。不同的小组应该有相同数量的男生和女生，所以你可以规定在第一次配对时，必须挑选不同性别的搭档，并且在第二次配对中必须挑选一对不同性别的小组。一旦组建了小组，就要记录每个小组的成员，以便在以后的活动中，让他们和当前组员都形成不同的新小组。

策略51　便利贴

从老师的角度来看，这种方法更容易操作。如果分组后效率不高的话，这种方法可以提供一种非常便捷的方式来改变分组，它也为学生提供了一个便于使用的视觉参考。

根据你班级列表上学生的能力排名，在彩色便笺纸或者便利贴上写下每一个学生的名字。记住，中等能力的学生将分为两组，因此你总共有四个小组。"低能力"的学生用一个颜色标记，"高能力"的学生用另外一种颜色标记，两个"中等能力"

第二章 促进学生合作学习

组的学生用两个不同的颜色标记。

现在可以从每个颜色组中选一个学生组成小组，并把他们的便利贴放在一张团队表上（一张大纸或卡片）。可以很容易地调换学生组别，直到组成满意的小组，多亏了便笺纸的这种妙用，完成后的分组表格可以张贴出来以方便参考。

靠谱小贴士

有些学生喜欢通过改变便利贴的编排来戏弄老师，从而引起混乱。你可以用透明的聚乙烯把表格覆盖起来。

关于性别的一个说明

当然，并不是在每一个小组中，男孩和女孩的比例一定是相等的。但要尽可能避免让一个男孩和三个女孩在一起，反之亦然。这种分组（即男女不均的分组），往往

● THE ACTIVE LEARNING TOOLKIT ●

> 会使得这个组的男生或者女生要么被别人完全忽略，要么因为他们天生聪明伶俐，使得他们得到太多的关注。因此，尽可能让更多的小组男生女生各两个，如果有必要的话，让剩余小组的所有学生都为同性。

策略52　电子表格的方法

　　把学生的名字添加到电子表格中，按照学生通常的能力顺序创建一个班级列表。在该列表中，高能力的学生标记为黑色，中等能力的学生为深蓝色，低能力的学生为浅蓝色。请注意，就能力而言，这是一个非常笼统的排名，它不一定是完美的。排名可以是根据过去的学习情况、考试成绩、老师的观察等等。

　　选择一个小组，从名单上面选一个学生（高能力学生），从名单底部选一个学生（低能力的学生），从中间组选两个学生（中等能力的学生），把他们四个人放在一个小组。继续这样下去，直到所有学生进入混合能力小组。

除非小组学生都是同一性别或者小组成员都是愚蠢的、多舌的或处于敌对，有可能引起问题，否则可以通过这种方式使学生组成小组。

还应该避免小组里所有的成员都是一样的性格类型，一组性格内向的学生与一组喜好管事的学生一样是不相容的，无法相处融洽。

一旦你选择了小组1，在班级名单上要高亮标记每个学生的名字，这样你就知道他们已经被分配给一个小组了。然后，可以将剩余的名字放到其他小组中，在班级列表中高亮标记他们的名字，因为对他们已经做了分配。

继续以这种方式把学生分成小组，直到所有学生都被安排在小组中。如果你有一个"额外"的学生即一个学生落单，那就使他们组成一个五人的小组。如果有两个"额外"的学生即多出了两个学生，则由四个学生的小组中调离一个学生，组成两个三人小组。

电子表格要保存好，并添加适当的标题，以记录团队。这将使你在将来能够去尝试新的小组任务，因为电子表格明确记录了哪些同学有过小组合作。

策略53　小组生成软件

小组生成软件是以自动的方式来安排学生形成合作学习小组，它可以很轻易地通过班级列表创建不同的小组。你只要把学生的名字输入到数据库中，小组生成软件就会在一个准备打印的小组名单中根据学生的能力水平和性别制成多个小组表格。如果你不满意这个分组，你可以手动调整它，使学生从一个小组移到另一个小组或按"shuffle"键使小组生成软件自动创建一套新的分组。

以下网址中有可参考的免费拷贝小组生成软件，网址如下：
http://needsfocusedteaching.com/kindle/active

THE ACTIVE LEARNING TOOLKIT

第 3 章

管理分组
主动学习过程

第三章　管理分组主动学习过程

• • •

我们不能只是把学生分成小组，就期待小组学习过程能顺利的进行，它需要认真细致的管理才能成功地开展。本章内容是有关于小组学习过程管理，以便尽可能避免出现问题。显然，我们越是能更有效地先发制人并预防问题，越能使这一过程更加愉快。

预防问题的第一步是确保所有学生确切地知道，他们将在分组学习期间做什么。在课堂管理课程中，我们建议给学生一个清晰的详细计划，让他们有更多的机会去跟从你的意图。这意味着我们尽可能地提供清晰、循序渐进的指导，尽可能避免误解。避开诸如"适当地"、"合适地"和"安静地"

● THE ACTIVE LEARNING TOOLKIT ●

这样的词语。这些都是抽象的术语，对不同的个体来说意味着不同的意思。当我们的指示容易被误解时，争论的大门就敞开了……

老师："安静地学习！"

学生："我正在安静地学习！"

明白我的意思了吗？除非我们确切地说出"安静"这个词的意思，否则我们将让学生在不同的噪音程度下学习，而他们每个人都能合理地争辩自己正在安静地学习。在明确的短语和精确的指示下，这种争论是不会出现的。

例如，一个明确的短语可能是"默默地学习"。这没有什么可争论的——"默不作声"不分等级。要么是要么不是，明确的短语使学生没有争论的机会。如果学生在制造噪音，他们就不能说"我是默不作声的"。

如果这对你来说太苛刻了，那就用精确的指令代替。一个精确的指令可以是"在二级噪音中学习"（假设你在教室里放有噪音水平计量器）或"使用你的'同伴音量'"（首先向学生解

第三章 管理分组主动学习过程

释你说的"同伴音量"是指哪种可接受的噪音程度）。这有另一个简单的例子，说明精确指令是如何消除争论的。以下哪一组指令可能得到预期的效果呢？

A）老师："请继续你的学习。"

B）老师："赖安，你需要在接下来的十分钟内把图表画好并贴上标签。然后，回答图表下面问题一到四，好吗？现在请你告诉我，我刚才要你做什么。"

你能看出B老师是如何防止学生做出诸如"我不理解"或"我没有听到你的话"这样常见的回答吗？你是否也注意到她还要求赖安重复她的指示？这就避免了赖安说"我不明白你要我做什么"或者"我没听清楚你"之类问题的出现。用精确的指令向学生解释任务的目标、完成的步骤和使用的材料。

小组学习过程中（或任何类似的课堂活动中）防止问题出现的第二步是去"教"你希望看到的行为。

我在学校开培训会议时，发现很多老师坐等课堂上出现问题，而在这之前什么预防措施都不做。对于这一点的普遍程度，

● THE ACTIVE LEARNING TOOLKIT ●

我感到很惊讶。这是非常落伍的行为。与其等待学生把事情弄糟，不如先告诉（教）学生你想让他们做什么，这样他们就不会出错（或者至少给了他们尽可能多的机会把事情做好）。

如果有个学生总是不能按时交作业，有没有必要不断地等他们做作业，然后当他们不做的时候惩罚他们呢？这里有一个问题，即为什么作业没有完成，如果我们能解决这个问题，也许未来有更多的机会使老师布置的任务得到完成。我们并不总能为行为发现并化解原因，我们的能力范围有限，但有时面对无能为力的学生，给予他们额外支持就足以鼓励他们做出积极的改变。这才是更好的方法，例如，与其持续惩罚一个"忘记"做作业的学生，还不如教他们一些时间管理技能。

这里主要有三种方法用于教你的学生，你想要他们在小组学习中怎样去表现……

1. 建立日常惯例。
2. 解释和示范预期行为。
3. 分配学生角色。

第三章　管理分组主动学习过程

策略54　建立日常惯例

经常有老师问我，他们怎样才能变得更加具有一致性。一致性是一个热门话题，我发现迅速建立一致性的最好方法是使用日常惯例。日常惯例可恰当巩固你的指示，以便学生每次表现都是一样的。这意味着，你的学生通过这种重复养成正确的习惯。当我们对一项任务有不同的指示时，就会产生不一致性。当规则或指令不断变化时，学生很难知道该怎么做。

对于小组学习，你要考虑你希望学生做什么，以及你希望他们在小组工作中的表现。想一想"热点区域"和"问题领域"，这些问题往往会产生麻烦，比如请求帮助或者在教室里漫无目的地走动结果碰上事情。这些问题需要事先想到，将它们写进你的日常惯例中。

● **THE ACTIVE LEARNING TOOLKIT** ●

小组学习的日常惯例样本

- 待在你被分配的小组里。
- 如果你有问题,向小组成员求助。
- 如果有小组成员向你求助,要向他们伸出援手。
- 只有当小组成员都对一个问题看法一致时,才可向老师求助。
- 在规定的噪音程度内学习。

一旦你定下了一个日常惯例,就要把它教给学生。而且要以与介绍或者教给学生任何新的话题同样的方式。向学生示范你希望他们在日常惯例的每个阶段做什么,以及你希望他们如何行动。然后让他们接下来练习几次,直到日常惯例成为习惯。将日常惯例写在薄纸板上贴在教室的墙壁上,以供参考。

你可能会发现日常惯例中有一些步骤本身就可以成为惯例,比如采取正确的方式请求帮助这个步骤。如果你希望你的学生以某种方式寻求帮助,就需要向他们展示或教授特定的方式。这时,就需要创建一个日常惯例。日常惯例确实能使你的课堂表现自动自觉。把你日常教学的任何改变都变成日常惯例，这会使转变变得容易得多。

策略55 解释和示范可接受的行为

小组学习是增强社交技能的完美媒介。在任何小组学习过程中，学生们都必须相互交流。为了杜绝问题并确保学生以可接受的方式互动，要在小组学习开始之前，向学生解释和示范关键的社交技能。记住，这相当于让他们跟着一个清晰的地图走。

以下的社交技巧应该在小组学习之前，并在小组学习过程中持续示范。

聆听技能——解释你想让学生们互相倾听的方式。

当别人做一些你不认同的事时，保持冷静——小组学习自然促进学生之间的讨论，有时会讨论得比较激烈。因此，应该向学生展示如何控制自己的情绪，保持冷静（我们假定在上课前，你已经收走了他们的武器）。

乐于助人&鼓励团队精神——学习成为一个善于与同伴配合的队员对一些学生来说并非手到擒来，这就需要老师加以解释和教导。

策略56　分配角色

有些学生在小组学习中无所事事，而其他学生懒惰地抄袭别的同学，原因是他们没有具体的任务或工作要在小组学习期间完成。通过给学生分配角色，你也就赋予了他们责任，让他们从任务一开始就参与其中。

例如，在一个四人小组中：

学生1——负责收集材料或资源，在小组学习期间每天或每阶段任务结束后物归原位。要确保材料没有丢失，并把损坏

的部分向老师报告。

学生2——可以负责监督活动的步骤是否按部就班。

学生3——可以负责进行观察、记录数据，并根据活动进展做好相应记录。

学生4——可负责监督小组报告的撰写。

可能包括的其他角色：

质量监控员——检查其他学生的学习并纠正错误。

激励人——在小组成员参与活动的热情减弱时，鼓励小组成员积极参与。

发言人——通过个人或小组展示，向班上其他人反馈。

由老师或学生自己分配角色，但如果学生的强项和弱项特别突出的话，应该由老师分配角色。

当个别学生不承担所分配的工作时，怎么办？

这是一个很常见的问题，但你的第一反应不应该是立马跳进去解决问题。只要有可能，就应该给学生机会，让他们自己去解决这些问题，发展社交技能。主动地、恰当地去解决诸如

THE ACTIVE LEARNING TOOLKIT

此类冲突是小组成员需要学习的一项非常重要的技能。你的职责是当他们有需要时,能随叫随到;当他们解决问题有困难时,能向他们伸出援手。

- 与小组其他成员交谈,鼓励他们互相帮助。
- 鼓励小组成员帮助不学习的学生,并确保他/她能完全理解他们在小组学习中的预期任务。
- 鼓励小组成员为他们的队友提出一个可达成的学习目标。
- 给他们看《通天奇兵》的任何一集(这是最后的补救办法)。

如果这些措施对这个学生仍然无效:

- 把他带到一边,告诉他如果不能遵守规则,就不能参与小组学习了。
- 使学生离开小组,并给他单独的学习任务让其完成。

第三章　管理分组主动学习过程

管理主动学习过程中噪音的6个小技巧

下面是管理小组学习中噪音程度的一些技巧。

1. 给每个小组分配一个"噪音监视器"。

它们的作用是将噪音程度保持在先前设定的水平。

2. 确保每个小组都有明确的学习区域。

小组学习区域之间应避免相互交叠，妨碍学习。

3. 使用交通信号灯系统。

告示板上的绿色卡片表示噪音程度刚好。橙色是一个警告，表示教室变得太吵闹了，他们需要安静一点。红色是要求一段时间的完全安静。

4. 使用代币系统

给每个学生三张卡片或一些类别的代币。每当他们七嘴八舌不遵守课堂秩序时,就必须交出一个代币。如果他们的表现/参与情况特别好时,他们就可以赢回代币。

5. 举手

当你把手举起放在半空时,他们必须做出同样的动作且保持绝对的安静。

最后一个这样做的人需要在黑板上完成一项小测验,或者是其他形式的小惩罚。如果他们最后举手,但还在说话,这相当于是双倍的粗鲁无礼,因此他们会面临两个小测验。

6. 受罚席

那些不参加小组学习并干扰小组其他成员学习的学生,给他们一个明确的选择:除非他愿意听从小组学习的指导,否则他必须自己独自学习。这个"受罚席"应该是一个远离其他小组的座位,并且为他们每个人准备了学习任务,使他们能继续学习下去。注意:受罚席每次不要安排一个以上的学生,否则

● 第三章　管理分组主动学习过程 ●

学生会发现这种"受罚席"比小组学习更有趣。如果有需要的话，设置多个独立的"受罚席"！

● THE ACTIVE LEARNING TOOLKIT ●

保证成功的小组学习过程的 10个小技巧

● ● ●

1. 设定任务时限。确保学生在小组学习时充分意识到时间有限,并不断给予他们时间提示。

"你们还有二十分钟……你们现在应该已经完成第一部分了。"

2. 要使任务能在相当短的时间内完成,特别是在早期的小组学习中。任务太难或者持续时间太长会使学生对将来的小组学习失去兴趣。

3. 给每个小组成员设定一个明确的角色,并确保他们理解这个角色需要做什么。

4. 在所有小组学习结束时,安排一个反馈环节,让学生讨论哪些方面有效,哪些方面没效果。

第三章 管理分组主动学习过程

5. 给进行小组学习的学生拍照并且展示出来，有利于学生回顾自己的快乐时光。

6. 在小组学习开始前，让各小组想出一个"小组名称"。这有利于增进小组成员之间的友情并促使小组内部产生更多潜在的竞争。

7. 奖品有证书、贴纸、杯子、奖杯以及一些有趣的奖品如玩具等，这些奖项是颁发给那些在各自角色中表现最好的学生。

8. 在每个项目结束时，都设计一个令人振奋的颁奖仪式，让小组和个人的努力都得到认可。

"本周最好的激励大师是……"

"本周最佳发言人是……"

"为成功解决两个组员之间冲突的同学颁发特别奖……"

让这个颁奖仪式生动有趣，且成为整个小组学习的一部分。

9. 为每个小组设置一个"记者"的角色，他们的任务是为在活动项目中小组成员所取得的任何成功写一个简短的摘要。

10. 总为你的清单列出10条事项，这是一个不错的数字！

微课教学课程资源库

THE ACTIVE LEARNING TOOLKIT

名称：HowtoLearn.com 以及 HowtoLearn.teachable.com 两个网站

特色：个性化的学习评估、学习解决方案及面向教师、家长和学生的实用课程。

网站：www.HowtoLearn.com

详细说明：自1996年起，创意畅销书作家、大学教授帕特·怀曼就被誉为美国最值得信赖的学习专家。我们诚挚地邀请您加入全球学习团队，以及加入我们的facebook群组。您在学习过程中遇到的问题，都可在下方网站找到解决办法：

http://www.HowtoLearn.com/your-learning-questions-answered.

● THE ACTIVE LEARNING TOOLKIT ●

资源提供：您可在我们的HowtoLearn.com网站上，免费测试自己的学习风格。家长和老师也可在HowtoLearn.teachable.com网站上观看我们经过测试和核准的课程。

名称：教师的时间储备器（斯泰万·克拉尼扬）

特色：向您提供可节约时间的资源

网站：http://www.timesaversforteachers.com/ashop/affiliate.php?id=7

详细说明：斯泰万·克拉尼扬先生以流行的形式，向老师们提供了可下载打印的资源与老师进行互动，这些资料帮助老师节约了大量时间。凭借其在与有学习障碍的学生交流中的出色表现，斯泰万·克拉尼扬被米萨索加和北皮尔学习障碍协会授予杰出教师奖。

资源提供：www.timesaversforteachers.com

姓名：尼古拉·摩根（NSM培训与咨询公司）

特色：运用创新资源来激励员工，强化学校管理。

网站：www.nsmtc.co.uk

详细说明：NSM培训与咨询公司为英国本土，以及全球其他各国的教学和非教学人员提供高质量的培训。公司提供了大量的课程资源、专家咨询和指导；出版了众多刊物、开展了大量研讨会议，以及提供了大量创新的资源来激励员工及强化学校管理。

资源提供：http://www.nsmtc.co.uk/resources/

姓名：苏珊·菲策尔

特色：特殊教育需求

网站：www.SusanFitzell.com

详细说明：为差异化教学、动机教学、特殊需求教学、合作教学等不同领域提供研讨会讲义以及补充资源。

资源提供：http://downloads.susanfitzell.com/

姓名：帕特里夏·汉斯莱

特色：特殊教育

● THE ACTIVE LEARNING TOOLKIT ●

网站：http://successfulteaching.net

详细说明：该网站提供的教学思想和策略，适用于所有年级。尤其是对于刚上任挑战不断的老师来说，提供的资源非常丰富实用。

资源提供：免费的学生工作描述

https://successfulteaching.blogspot.com/2007/10/student-job-description.html

姓名：茱莉亚·G.汤普森

特色：教育顾问、作家、主持人。

网站：www.juliagthompson.com

详细说明：茱莉亚·G.汤普森是《初任教师生存指南》(The First-Year Teacher's Survival Guide)的作者，专门帮助新教师学会如何在他们的新职业中茁壮成长。

资源提供：你只需点击该网站，进入相关专业页面，便可获得作者提供的57个免费的课堂表格和模板，这些资源可以让你在教学的初期阶段更加轻松一些。

姓名：史蒂夫·瑞夫曼

特色：各年级学生教学（强化课堂管理以及提高学生学习能力）

网站：www.stevereifman.com

详细说明：史蒂夫·瑞夫曼是国家委员会认证的初级教师，也是亚马逊畅销书作者。著有《10步加强课堂管理：无需特殊奖励即可建立高效、合作的课堂文化》(*10 Steps to Empowering Classroom Management: Build a Productive, Cooperative Culture Without Using Rewards*)一书。

资源提供：https://www.youtube.com/user/sreifman

（该网站免费供您使用，且附赠一些时长1~2分钟的教学视频，为家长和老师提供教育技巧。）

姓名：戴夫·韦扎德

特色：行为管理

网站：www.behavioursolutions.com

详细说明：戴夫·韦扎德著有《让大脑休息》学习材料（*Brain*

● THE ACTIVE LEARNING TOOLKIT ●

Break）以及《如何管理挑衅行为》(*Ways to Manage Challenging Behaviour*)电子书。

资源提供：www.behavioursolutions.myshopify.com/pages/brain-breaks

姓名：马尔让·格拉维克

特色：提供获得教师工作的技巧（简历制作、求职信书写、面试技巧），以及课堂管理策略。

网站：www.thebusyeducator.com

详细说明：马尔让·格拉维克是一位励志畅销书作家，富有魅力的演讲者和具有29年丰富教学经验的小学教师。

资源提供：免费的每周时讯，以及4本免费电子书。

（http://thebusyeducator.com/homepage.htm）

姓名：里克·艾伦博士

特色：关于各年龄段学生课堂参与策略的研讨机会和重点笔记。

网站：greenlighteducation.net

详细说明：里克·艾伦博士著有《绿光教学》(*Green Light Teaching*)和《摇滚教室》(*The Rock'n Roll Classroom*)两本著作。

资源提供：请加入我们的教学技巧社区，点击网站，您将获得大量的免费资源和教学想法，这些资源对您的课堂大有帮助。

姓名：罗斯·莫里森·麦吉尔

特色：Teacher Toolkit公司董事总经理

网站：https://www.teachertoolkit.co.uk/

详细说明：罗斯·莫里森·麦吉尔是伦敦北部一所市内学校的副校长。他是英国拥有推特粉丝最多的老师，也是英国最具影响力的教育博客博主。

资源提供：https://www.amazon.co.uk/Ross-Morrison-McGill/e/BooG33GTEO/ref=dp_byline_cont_book_1

可见的学习与思维教学

让教学对学生可见，让学习对教师可见

ISBN：978-7-5153-4500-0
作者：[美] 玛丽·凯·里琪
定价：39.90元

★ 获《中国教育报》"2017年教师喜爱的100本书"奖；获中国教育新闻网"2017年影响教师的100本书"奖。

★ 将全美备受追捧的"成长型思维模式"运用课堂教学的权威指南；

★ 成长型思维教学打造真正的因材施教、回应式课堂。

内容简介： 本书运用著名心理学专家卡罗尔·德韦克创造的"思维模式"理论于课堂教学实践中，既有心理学、脑科学、思维训练等专业知识，又有注重差异化、回应式课堂的建构式教学系统，以及可应用的成长型思维模式塑造方法、任务和建议，更有大量图表、计划模板等教学工具，教师可以充分参考或直接使用。以生动的案例和实践步骤，将可运用的成长型思维教学技巧娓娓道来，破解思维能力培养难题，为学生学习和成长寻找到了"捷径"。

　　全书用科学的理论和具体可行的操作建议引领教师接受成长型思维模式；针对学生核心素养培养的教育目标，教师重新审视课堂，改变思维方式，明确教学的思维航向，在课堂教学、师生关系、学校氛围中，打造出学生智力、行为、学习与思维方式的创新教学模式；培养学生成长型思维方式，改变学生对自身能力和潜力的固定思维，从失败中学习，不断挑战自我，认定努力和困难能创造新的神经元连结，让大脑越来越聪明，最终成为具备极强学习能力，保持学习热情，主动追求卓越，自信健康的优秀学生。

英国"以学生需求为中心"的
课堂管理/教学法系列

风靡全球教育界的"五彩书" | 深受200多万教师推崇和追捧

[英] 罗博·普莱文 著

7天成功的课堂管理,
让教与学直接"变现"

第一分钟抓住注意力,
无聊课堂变"欢乐天堂"

助力小组合作,
掌握持久、可迁移的理解式学习

专治"问题学生",
课堂管理"行为工具包"

让每1次对话都积极、
互动、有意义,
管理有成效

从备课开始,
到上课、说课、做课,
做一个魔法教师

⇨ 北京十一学校联盟总校校长、北京第一实验学校校长 李希贵，
中国新学校研究会副会长、学校组织变革专家 沈祖芸 郑重推荐

⇨ 实用可行的设计思路及设计新方案

⇨ 成功实现学习空间和学校环境转型带来教与学的提升

⇨ 满足和提升学生学习、心理、社交和情感需求

⇨ 引爆学习，引爆学校教育

重新设计一所好学校
作者：（美）普拉卡什·奈尔
定价：49.00 元

重新设计学习和教学空间
作者：（美）普拉卡什·奈尔、罗尼·齐默·多克托里、理查德·埃尔莫尔
定价：49.90 元

改造一所学校的设计新方案
作者：（美）普拉卡什·奈尔
帕鲁尔·明哈斯
定价：69.90 元

学校需要重新定义！
世界知名的学校设计大师普拉卡什·奈尔，从丰富、创新的校园设计实例
和学校设计新语言入手，重新想象学校行为，
提供了人工智能驱动的学校设计与建设成功之道，
既适用于新建学校，又适用于翻修改造的学校。